ROD VEGGIES KOGEBOGEN

Mestring af rodgrøntsagskøkken gennem 100 opskrifter

Adam Lundin

Copyright materiale ©2024

Alle rettigheder forbeholdes

Ingen del af denne bog må bruges eller transmitteres i nogen form eller på nogen måde uden korrekt skriftligt samtykke fra udgiveren og copyright-indehaveren, bortset fra korte citater brugt i en anmeldelse. Denne bog bør ikke betragtes som en erstatning for medicinsk, juridisk eller anden professionel rådgivning.

INDHOLDSFORTEGNELSE _

INDHOLDSFORTEGNELSE _ 3
INTRODUKTION 8
CELLERI 9
1. KNOLDSELLERI & OSTESOUFFLÉ 10
2. KNOLDSELLERI OG ÆBLESUPPE MED KNUSTE VALNØDDER 13
3. SVINESCHNITZEL MED KNOLDSELLERIREMOULADE 15
4. HVIDLØGSRISOTTO MED VAGTLER 18
5. FLØDEMUSLINGESUPPE MED SAFRAN 21
PASTERNIP 23
6. BRUNE RIS-, MANDEL- OG GRØNTSAGSKROKETTER 24
7. KALKUNSUPPE MED MANGOLD OG PASTINAK 27
8. FERSKEN OG PASTINAK PÅ HOVEDET KAGE 29
9. GARBANZO PASTINAK GNOCCHI MED GRANATÆBLE 31
10. PASTINAK OG GULERODSFRITTER 34
11. PASTINAK VINTERSUPPE 36
RUTABAGA 38
12. BBQ KAGER 39
13. R UTABAGA KARTOFFELGRYDERET 41
14. RODGRØNTSAGSBØFGRYDERET 43
15. KALKUNPØLSE MED RODFRUGTER 45
16. RIG UNGARSK GULASCHSUPPE 47
17. BOGHVEDEBAGE MED RODFRUGTER 49
18. HAVABORRE MED RISTEDE RODFRUGTER 51

19. KØDÆDENDE OKSEGRYDERET MED RODFRUGTER 53
20. TAPIOKASUPPE OG EFTERÅRSGRØNTSAGER 56
21. FERMENTERET HAKKET SALAT MED RUTABAGA 58
22. EFTERÅRS KYLLING OG RODFRUGTSAFT 60
23. EFTERÅRSFESTIVAL KALKUN CHOWDER 62
24. LAMME- OG RODFRUGTSAFT 64
25. OKSEHALESUPPE MED RUTABAGA 66
26. BEGEDIL KARTOFFELFRIKADELLER 68
27. HØST GRØNTSAGER OG QUINOA 70
28. KLASSISK POT-AU-FEU 72
29. OSTEAGTIG BACONBID 75
ROER 77
30. MAJROE OG LØGGRYDE 78
31. MAGISK MAJROEVIN 80
32. THANKSGIVING BRAISEREDE MAJROER 83
33. TAIWANESISK MAJROE KAGESUPPE 85
34. BLANDET GRØNT MED MAJROEFRITTER 88
35. PERSIMMONS OG DAIKON TEMAKI 90
36. SNOW PEA SHOOT DAIKON ROLLS 92
RADISE 94
37. STEGET YUZU KYLLING MED JAPANSK SLAW 95
38. DAMPET FISK 97
39. JAPANSK RISOTTO MED SVAMPE 99
40. STEGT KYLLING MED PISTACIEPESTO 101
41. HAVE FRISK PIZZA 103
42. CREMET RADISE SUPPE 105

43. KRYDRET RADISE OG GULERODSSUPPE.................107
44. RADISE OG KARTOFFELSUPPE.................109
45. RADISEGRØNNE SUPPE.................111
46. AFKØLET RADISE SUPPE.................113
47. RADISE OG RØDBEDESUPPE.................115
48. RADISE OG TOMATSUPPE.................117
49. RADISE OG KOKOS KARRY SUPPE.................119
50. RADISE OG SPINATSUPPE.................121
51. RADISE OG SVAMPESUPPE.................123
52. BRÆNDT SØD KARTOFFEL OG PROSCIUTTO SALAT.................125
53. VANDMELON MED RADISE MICROGREENS SALAT.................127
54. MIKROGRØNT & SNEÆRTESALAT.................129
55. MIKROGRØN FORÅRSSALAT.................131
BEET.................133
56. ROEHASH MED ÆG.................134
57. ROESKORPE MORGENMADSPIZZA.................136
58. B EET CHIPS.................138
59. DILD & HVIDLØGSBEDER.................140
60. RØDBEDER FORRETTER SALAT.................142
61. ROEBÅDE.................144
62. BEET FRITTERS.................146
63. FYLDTE RØDBEDER.................148
64. SPANSK MAKREL GRILLET MED ÆBLER OG RØDBEDER.................150
65. RØDBEDE RISOTTO.................152
66. ROESKYDERE MED MIKROGRØNT.................154
67. REJER MED AMARANT OG GEDEOST.................156

68. GRILLEDE KAMMUSLINGER MED EN FRISK RØDBEDESAUCE....159
SØD KARTOFFEL..161
69. SØD KARTOFFEL OG SPINAT FRITTATA..................................162
70. SØD KARTOFFEL MORGENMADSSKÅL...................................164
71. SØD KARTOFFEL OG PØLSE MORGENMADSGRYDE.............166
72. SØDE KARTOFFEL MORGENMAD COOKIES..........................168
73. SØD KARTOFFEL OG BACON MORGENMAD STEGEPANDE....170
74. SWEET POTATO SMOOTHIE BOWL..172
75. SØD KARTOFFEL MORGENMAD BURRITO SKÅL...................174
76. CEVICHE PERUANO..176
77. INGEFÆREDE SØDE KARTOFFELFRITTER............................178
78. SØDE KARTOFFEL SKUMFIDUSBIDER....................................180
79. FYLDTE SØDE KARTOFLER..182
80. TEMPURA SØDE KARTOFLER..184
81. KALKUN OG SØD KARTOFFEL TEMPURA..............................186
82. SWEET KARTOFFEL NACHOS..188
83. BAGTE SØDE KARTOFFELCHIPS...190
84. KARRYKRYDREDE SØDE KARTOFFELCHIPS.........................192
85. BBQ SØDE KARTOFFELCHIPS..194
86. SØDE KARTOFFEL RUNDER...196
87. KALKUNSKYDERE MED SØD KARTOFFEL.............................198
88. SØD KARTOFFEL OG GULEROD TINGA TACOS.....................200
89. LINSER & RIS FRIKADELLER..202
90. SØDKARTOFFELSKUMFIDUSGRYDE _ _..................................204
91. CORNFLAKE SØD KARTOFFEL GRYDERET............................206
92. BØNNE, HIRSEBRØD MED SØDE KARTOFLER.......................208

93. SØD KARTOFFEL GNOCCHI MED RUCOLA PESTO......................210

94. KASTANJE OG SØD KARTOFFEL GNOCCHI.............................213

95. SØD KARTOFFEL & GULERODSGNOCCHI.................................216

JERUSALEM KOORDSKOK...218

96. VEGETARISK CARPACCIO..219

97. JORDSKOKKER MED GRANATÆBLE...221

98. KOGLE KORIANDER COCKTAIL..223

99. STEGT KYLLING MED JORDSKOK..225

100. SPINAT OG SØD KARTOFFEL LASAGNE..................................227

KONKLUSION..230

INTRODUKTION

Velkommen til "ROD VEGGIES KOGEBOGEN", din omfattende guide til at mestre kunsten at rodfrugtkøkken gennem 100 lækre opskrifter. Denne kogebog er en fejring af rodfrugternes mangfoldige og nærende verden, og guider dig gennem en kulinarisk rejse, der udforsker deres smag, teksturer og alsidighed. Slut dig til os, når vi begiver os ud på et madlavningseventyr, der løfter ydmyge rødder til kulinarisk ekspertise.

Forestil dig et bord pyntet med livlige ristede grøntsager, solide gryderetter og kreative retter - alt sammen inspireret af rodfrugternes jordiske godhed. "The I Root Veggies Cookbook" er ikke kun en samling af opskrifter; det er en udforskning af de ernæringsmæssige fordele, årstidens variation og kulinariske muligheder, som rodfrugter tilbyder. Uanset om du er en erfaren hjemmekok eller lige er begyndt på din kulinariske rejse, er disse opskrifter lavet til at inspirere dig til at få mest muligt ud af naturens underjordiske skatte.

Fra klassiske ristede rodfrugter til innovative retter med pastinak, rødbeder, gulerødder og mere, hver opskrift er en fejring af den jordiske smag og ernæringsrigdom, som rodfrugter bringer til dit bord. Uanset om du planlægger en familiemiddag eller ønsker at tilføje variation til dine plantebaserede måltider, er denne kogebog din foretrukne ressource til at mestre kunsten med rodfrugtkøkken.

Slut dig til os, mens vi graver i rodfrugternes kulinariske potentiale, hvor hver kreation er et vidnesbyrd om mangfoldigheden og tilpasningsevnen af disse underjordiske ædelstene. Så tag dit forklæde på, omfavn den naturlige godhed, og lad os tage på en smagfuld rejse gennem "Root Veggies Cookbook".

CELLERI

1.Knoldselleri & ostesoufflé

INGREDIENSER:
- 1¾ kop knoldselleri, skrællet og skåret i tern
- 2 fritgående æg
- ½ kop let skummet 2 % fedt mælk
- 1 spsk majsmel
- 4 spsk halvfed moden ost, revet
- 2 spsk fintrevet parmesan
- ¼ tsk frisk revet muskatnød
- ¼ tsk havsalt, delt
- ¼ tsk friskkværnet sort peber
- 2 sprays olivenolie spray

INSTRUKTIONER:
a) Forvarm ovnen til 170C blæser, 375F, gasmærke 5. Smør indersiden af 2 ovnfaste ramekins og sæt dem i et bradefad.
b) Skræl knoldsellerien og skær den i stykker. Tilsæt dette og ⅛ tsk salt i en gryde med kogende vand og kog i 4-5 minutter, indtil de er møre.
c) Dræn knoldsellerien og puréen i en mini-foodprocessor, indtil den er jævn, og overfør den derefter til en skål.
d) Hvis du ikke har en mini foodprocessor, skal du blot mos knoldsellerien i en skål med en gaffel, indtil den er glat.
e) Krydr knoldsellerien med salt, peber og friskrevet muskatnød. Riv osten og bland den.
f) Adskil æggene, læg æggehviderne i en ren skål og kom blommerne i skålen med knoldselleri.
g) Pisk æggeblommerne i knoldselleripuréen og stil til side.
h) Sluk majsmelet med mælken og hæld blandingen i gryden.
i) Opvarm over medium varme, pisk hele tiden, indtil saucen tykner, og kog derefter i yderligere et minut.
j) Tilsæt 5 spsk af den revne osteblanding til saucen og pisk indtil den er smeltet. Bare rolig, at din sauce er meget tykkere end en hældesovs ville være, denne tykke sauce er den korrekte konsistens til at lave souffléen.
k) Vend ostesovsen i knoldselleriblandingen.
l) Sæt kedlen i kog.

m) Pisk æggehviderne med et rent piskeris, indtil de danner stive toppe, men ikke overpisk.
n) Æggehviden skal være fast, og toppene skal holde deres form uden flydende hvid tilbage.
o) Brug en spatel eller metalske, og fold 1 spsk i knoldselleriblandingen for at gøre den lysere.
p) Tilsæt derefter halvdelen af den resterende æggehvide til knoldselleriblandingen.
q) Med et let tryk, fold det hurtigt ind, skær gennem blandingen og vend det, indtil alt er godt blandet, men stadig let og luftigt.
r) Gentag med den resterende piskede æggehvide. Hæld blandingen jævnt mellem de forberedte ramekins og drys den resterende revne ost over.
s) Sæt ramekins i bradepanden og hæld forsigtigt ca. 2,5 cm/1" kogende vand i bradepanden, pas på ikke at sprøjte ramekins.
t) Sæt i ovnen og steg i 20-25 minutter, indtil souffléerne er godt hævede og gyldenbrune.
u) Server direkte fra ramekinen og spis med det samme!

2.Knoldselleri og æblesuppe med knuste valnødder

INGREDIENSER:
- 1 løg, pillet og hakket groft
- 1 knoldselleri (600-800 g), skrællet og skåret i tern
- 2 Cox's æbler, skrællet, udkernet og groft hakket
- 2 spsk olivenolie
- 1 spsk timianblade
- 1 liter grøntsagsfond
- Havsalt og friskkværnet sort eller hvid peber
- At tjene
- Stor håndfuld valnødder, groft hakket
- Ekstra jomfru olivenolie, til drypning

INSTRUKTIONER:
a) Forbered løg, knoldselleri og æbler som angivet.
b) Stil en stor gryde over middel varme og tilsæt olivenolien. Når det er varmt, tilsæt løget med en knivspids salt og steg i 4-5 minutter, eller indtil det er blødt, men ikke farvet.
c) Tilsæt knoldselleri, æbler og timianblade og kog i 5 minutter.
d) Hæld grøntsagsfonden i og bring det i kog. Fortsæt med at simre i 5 minutter mere, eller indtil knoldsellerien er mør.
e) Tag gryden af varmen og brug en stavblender til at blende grundigt. Smag til med salt og peber, smag til og tilsæt mere krydderier efter behov.
f) Hæld i varme skåle, drys med de hakkede valnødder og dryp med lidt ekstra jomfruolivenolie inden servering.

3.Svineschnitzel med knoldselleriremoulade

INGREDIENSER:
- 2 x 220 g udbenet svinekoteletter
- 50 g almindeligt mel
- 1 æg
- 80 g friske rasp
- 1 tsk tørret dild
- 1 tsk paprika
- Vegetabilsk olie, til stegning
- Havsalt og friskkværnet sort peber
- Til remouladen
- 200 g knoldselleri, skrællet og skåret i julien
- 2 spsk mayonnaise
- 1 tsk fuldkornssennep
- 2 spsk creme fraiche
- 1 spsk finthakket fladbladpersille
- Pres af citronsaft

AT TJENE
- 2 små håndfulde brøndkarse
- Citronbåde (valgfrit)

INSTRUKTIONER:
a) Brug en skarp kniv til at trimme fedtet af hver kotelet. Læg dem mellem to stykker husholdningsfilm og brug en hammer eller kagerulle til at flade dem ud til en tykkelse på 5 mm.

b) Kom melet i en lav skål, smag til med salt og peber og bland godt. Pisk ægget let i en anden lav skål. Kom brødkrummerne i en tredje lav skål og bland dild og paprika i. Krydr begge sider af koteletterne, og belæg derefter hver enkelt med først mel, derefter i ægget og til sidst i rasp.

c) Til remoulade puttes knoldselleri, mayonnaise, sennep, creme fraiche og persille i en stor skål og blandes godt. Tilsæt lidt citronsaft og smag til. Sæt til side.

d) Opvarm en 1 cm dybde vegetabilsk olie i en stegepande. Når de er varme, tilsættes forsigtigt schnitzlerne og steges i 2-3 minutter på hver side. Afdryp på køkkenpapir.

e) Server schnitzlerne med en generøs skefuld af remouladen, en håndfuld brøndkarse og en citronskive (hvis du bruger) ved siden af.

4.Hvidløgsrisotto med vagtler

INGREDIENSER:
- knoldselleri 1/2 lille, skåret i 1 cm stykker
- olivenolie
- hvidløg 1 løg, fed pillede
- rosmarin 1 kvist
- skalotteløg 1, fint skåret
- porre 1, fint skåret
- timianblade 1 tsk
- smør 100 g
- risotto ris 400 g
- vegetabilsk olie
- hønsefond 1,5 liter
- P ecorino ost 80g, fint revet
- fladbladet persille en lille håndfuld, hakket
- vagtel 4, renset og sprøjtet

INSTRUKTIONER:
a) Forvarm ovnen til 180C/varmluft 160C/gas 4. Sæt knoldselleri i tern på en bageplade. Krydr og dryp lidt vegetabilsk olie over. Steg i 15 minutter, eller indtil de er møre og brune.

b) Kom imens hvidløg, rosmarin og 100 ml olivenolie i en lille gryde (så hvidløget er nedsænket, tilsæt mere olie hvis du har brug for det) og opvarm forsigtigt i 10 minutter, eller indtil hvidløget er blødt og let gyldent.

c) Fjern, og afkøl olien. Du kan bruge den resterende hvidløgsolie til madlavning, men opbevar den i køleskabet og brug den inden for en uge.

d) Steg skalotteløg, porre og timian med 50 g smør og 50 ml olivenolie. Sæson. Når grøntsagerne er bløde, tilsæt risene og rør, indtil alle kornene er dækket.

e) Varm forsigtigt op i 1 minut for at knække risene (dette giver lettere optagelse).

f) Tilsæt 500 ml bouillon til risottoen og rør, indtil det hele er absorberet. Gentag yderligere 2 gange. Dette bør tage omkring 20 minutter. Tilsæt mere bouillon, hvis du har brug for det, for at få en cremet konsistens.

g) Tag af varmen, når risene er møre, tilsæt knoldselleri, resten af smørret, ost og persillen, og smag til. Dæk med låg og lad hvile.

h) Skru ovnen op på 200C/blæser 180C/gas 6. Varm en stegepande op til middel varme. Smør og krydr vagtlerne, og læg derefter fuglene med skindsiden nedad på grillen i 4 minutter, indtil de er gyldne og forkullede.

i) Vend om og kog i yderligere 2 minutter. Overfør til en bageplade, og steg i 10-15 minutter, indtil den er gennemstegt og saften er klar. Hvil i 2 minutter under folie. Fordel risottoen mellem varme tallerkener.

j) Hak vagtlen i halve langs ryggen og kom risottoen på. Brug bagsiden af en kniv til at pres de confiterede hvidløg og drysse det over.

5.Flødemuslingesuppe med safran

INGREDIENSER:
- 750 g (1 lb 10 oz) små muslinger, renset
- 4 spsk tør hvidvin
- 50 g (2 oz) smør
- 225 g (8 oz) skrællet knoldselleri, hakket
- 125 g (4½ oz) porre, skåret i skiver
- 1 lille fed hvidløg, hakket
- omkring 750 ml fiskefond
- godt nip safran tråde
- 175 g (6 oz) vin-modne tomater
- 4 spsk creme fraîche

INSTRUKTIONER:
a) Kom muslingerne og 2 spsk af vinen i en mellemstor gryde. Sæt dem over høj varme og kog i 2-3 minutter, eller indtil muslingerne lige har åbnet sig.
b) Smelt smørret i en ren gryde, tilsæt knoldselleri, porre, hvidløg og den resterende vin. Dæk til og kog forsigtigt i 5 minutter.
c) Kom alt undtagen de sidste spiseskefulde eller to af muslingevæsken i en stor målekande og fyld op til 900 ml med fiskefonden. Tilsæt gryden med grøntsager sammen med safran og tomater, læg låg på og lad det simre forsigtigt i 30 minutter.
d) Lad suppen køle lidt af, og blend derefter til den er glat. Før først gennem en sigte, før derefter endnu en gang gennem en chinois i en ren gryde, bring det i kog igen. Rør creme fraichen og lidt krydderier i efter smag.
e) Tag gryden af varmen og rør muslingerne i for at varme dem kort igennem, men lad dem ikke koge mere, end de allerede har.

PASTERNIP

6.Brune ris-, mandel- og grøntsagskroketter

INGREDIENSER:
- 1½ kopper kortkornet brune ris
- 3½ kopper affedtet bouillon
- 1 tsk salt
- 1 spsk olie
- ½ kop hakket selleri
- ¾ kop revet pastinak
- ¾ kop revet søde kartofler eller gulerødder
- ¾ kop hakket grønne løg
- ¼ kop ristede og skivede mandler
- ½ kop ristet brødkrummer
- ⅓ kop hakket frisk persille
- 1 spsk sojasovs med reduceret natrium
- 1 æg, pisket

INSTRUKTIONER:
a) Bring brune ris, affedtet bouillon og salt i kog i en mellemstor gryde over medium-høj varme. Dæk gryden til og reducer varmen til lav. Kog risene i 40 til 45 minutter, eller indtil alt vandet er absorberet. Lad det køle af.
b) Kombiner olien, hakket selleri, revet pastinak og revne søde kartofler eller gulerødder i en 10-tommer nonstick-gryde over medium-høj varme. Kog og rør i 3 til 5 minutter, eller indtil grøntsagerne er bløde, men ikke brunede. Tilsæt de hakkede grønne løg og steg i 1 minut mere. Fjern fra varmen.
c) I en stor skål kombineres de sauterede grøntsager, ristede og skårne mandler, ristede brødkrummer, hakket frisk persille, sojasovs med reduceret natriumindhold, sammenpisket æg og kogte brune ris. Bland alt godt for at sikre en jævn fordeling.
d) Form blandingen til 3-tommers bøffer, form dem med dine hænder.
e) Vask og tør panden, der blev brugt til at sautere grøntsagerne. Beklæd panden med nonstick-grøntsagsspray og sæt den over medium-høj varme.
f) Når panden er varm, tilsættes kroketterne til gryden. Steg i 3 til 5 minutter på hver side, eller indtil de bliver gyldenbrune og sprøde.

g) Tag kroketterne ud af gryden og server dem varme.

7. Kalkunsuppe med mangold og pastinak

INGREDIENSER :
- 1 spsk rapsolie
- 1 pund kalkunlår
- 1 gulerod, skåret og hakket
- 1 porre, hakket
- 1 pastinak, hakket
- 2 fed hvidløg, hakket
- 1 ½ liter kalkun bouillon
- 2-stjernede anis bælg
- Havsalt efter smag
- ¼ tsk malet sort peber eller mere efter smag
- 1 laurbærblad
- 1 bundt frisk thai basilikum
- ¼ tsk tørret dild
- ½ tsk gurkemejepulver
- 2 kopper Chard, revet i stykker

INSTRUKTIONER :
a) Tryk på knappen "Sauté" og opvarm rapsolien. Brun nu kalkunlår i 2 til 3 minutter på hver side; reservere.
b) Tilsæt et stænk kalkunbouillon for at skrabe eventuelle brunede stykker op fra bunden.
c) Tilsæt derefter gulerod, porre, pastinak og hvidløg til Instant Pot. Sauter indtil de er bløde.
d) Tilsæt den resterende kalkunbouillon, stjerneanisbælge, salt, sort peber, laurbærblad, thaibasilikum, dild og gurkemejepulver.
e) Fastgør låget. Vælg indstillingen "Suppe", og kog i 30 minutter. Når tilberedningen er færdig, skal du bruge en naturlig trykudløser; fjern forsigtigt låget.
f) Rør mangold i, mens det stadig er varmt for at visne blade. God fornøjelse!

8.Fersken Og Pastinak på hovedet kage

INGREDIENSER:
- 200g (drænet vægt) dåse pærer i juice
- 225g (drænet vægt) ferskenskiver på dåse i juice
- 225 g revet pastinak
- 85 g sultanas
- 225 g selvhævende mel
- 2 tsk bagepulver
- ¼ teskefuld bikarbonat sodavand
- 2 tsk blandet krydderi
- 100 ml vegetabilsk olie
- 3 store æg, pisket
- 1 tsk vaniljeekstrakt

INSTRUKTIONER:
a) Forvarm ovnen til 200°C/180°C varmluft. Smør og beklæd en 8-tommer (20 cm) rund kageform med bagepapir. Dræn dåsefrugten.
b) Mos pærerne i en skål med en gaffel.
c) Arranger ferskenskiverne i en vindmølle eller cirkelmønster i bunden af kageformen, lad mellemrum være mellem dem, men fordel dem jævnt.
d) I en separat skål blandes alle de resterende ingredienser (revet pastinak, sultanas, selvhævende mel, bagepulver, sodavand, blandet krydderi, vegetabilsk olie, sammenpisket æg og vaniljeekstrakt) med den mosede pære med en træske, indtil grundigt blandet.
e) Hæld blandingen over ferskerne i kagedåsen, og sørg for, at de er jævnt dækkede.
f) Bag kagen i 35 minutter, indtil den bliver brun.
g) Før kagen tages ud af ovnen, beklæd en bageplade med bagepapir.
h) Tag kagen ud af ovnen og vend den straks ud på den beklædte bageplade, så ferskerne nu ligger oven på kagen. Fjern bagepapiret fra kagen og sæt den tilbage i ovnen i yderligere 15 minutter, indtil dejen på toppen er gennemstegt.
i) Tag kagen ud af ovnen og lad den køle af på en rist inden servering.

9. Garbanzo Pastinak Gnocchi Med Granatæble

INGREDIENSER:
- 2 kopper kogte garbanzobønner (kikærter), drænet og skyllet
- 1 kop kogte pastinakker, mosede
- 1½ kop universalmel
- ¼ kop ernæringsgær (valgfrit, for ekstra smag)
- 1 tsk salt
- ½ tsk hvidløgspulver
- ¼ tsk sort peber
- Olivenolie (til madlavning)
- Dit valg af sauce (f.eks. marinara, pesto) til servering
- Granatæblekerner (til servering)

INSTRUKTIONER:
a) Kombiner de kogte garbanzobønner og mosede pastinakker i en stor røreskål. Mos dem sammen med en kartoffelmoser eller gaffel, indtil de er godt blandet.

b) Tilsæt mel, næringsgær (hvis du bruger), salt, hvidløgspulver og sort peber til skålen. Rør godt for at kombinere og danne en dej.

c) Drys en ren overflade med mel og overfør gnocchidejen derpå. Ælt dejen forsigtigt i et par minutter, indtil den bliver glat og smidig. Pas på ikke at over-ælte.

d) Del dejen i mindre portioner. Tag en portion og rul den til et langt reb, der er cirka ½ tomme tykt. Gentag med den resterende dej.

e) Brug en kniv eller bænkskraber til at skære rebene i små stykker, cirka 1 tomme i længden. Du kan lade dem være, som de er, eller bruge bagsiden af en gaffel til at skabe kamme på hvert stykke.

f) Bring en stor gryde med saltet vand i kog. Tilsæt gnocchi i portioner, pas på ikke at overfylde gryden. Kog gnocchierne i cirka 2-3 minutter, eller indtil de flyder op til overfladen. Når de flyder, koger du i yderligere 1 minut og fjerner dem derefter med en hulske eller edderkoppesi. Gentag indtil alle gnocchierne er kogte.

g) Varm lidt olivenolie i en gryde ved middel varme. Tilsæt de kogte gnocchi i et enkelt lag og kog i et par minutter, indtil de bliver let brunede og sprøde. Vend dem og kog i endnu et minut eller to. Gentag med de resterende gnocchi.

h) Server Garbanzo Pastinak Gnocchi varm med din valg af sauce, såsom marinara eller pesto.

i) Du kan også tilføje lidt revet parmesanost, granatæblekerner og friske krydderurter til pynt, hvis det ønskes.

10.Pastinak og gulerodsfritter

INGREDIENSER:
- 225 gram pastinak; revet
- 2 medium gulerødder; revet
- 1 løg; revet
- 3 spsk Frisk klippet purløg
- Salt og friskkværnet sort peber
- 2 mellemstore æg
- ½ pakke svinepølser
- 100 gram stærk cheddarost
- 40 gram almindeligt mel
- 2 spsk Friskhakket persille

INSTRUKTIONER:

a) Bland pastinak, gulerødder, løg, purløg, krydderier og et æg, indtil det er godt blandet. Del i fire, flad ud til ru pandekager.

b) Varm en stor pande op og kog pølserne i 10 minutter, vend af og til til de er gyldne.

c) Tilsæt imens pandekagerne på panden og steg i 3 minutter på hver side, indtil de er gyldne

d) Bland de resterende ingredienser til en fast pasta og rul til en stor kugleform. Skær i fire.

e) Hak pølserne og del dem mellem fritterne. Top hver med en osteskive.

f) Placer under den forvarmede grill og kog i 5-8 minutter, indtil den bobler og smelter.

g) Server straks pyntet med purløg og chutneys.

11. Pastinak Vintersuppe

INGREDIENSER:
- 1½ dl gult løg – skåret i tynde skiver
- 1 kop selleri - skåret i tynde skiver
- 16 ounce grøntsagsbouillon
- 3 kopper babyspinat
- 4 kopper pastinak i tern , skrællet og skåret i tern
- 1 spsk kokosolie
- ½ kop kokosmælk

INSTRUKTIONER:

a) H spis olie i en stor stegepande ved moderat varme og steg løg og selleri .

b) Tilsæt pastinak og bouillon og bring det i kog.

c) Reducer varmen til lav og læg låg på i 20 minutter.

d) Tilsæt spinaten, rør godt sammen, fjern fra varmen, og purér suppen i portioner i en blender, indtil den er glat.

e) Tilsæt kokosmælken og server med det samme.

RUTABAGA

12. Bbq kager

INGREDIENSER:
- 4 frosne tærteskaller; optøet
- 1¼ pund Pulled pork
- 4 moderate s Kartofler; i tern
- 1 stort løg; i tern
- ¼ kop Rutabaga; i tern
- 1 gulerod i tern
- ½ spsk salvie
- ½ spsk timian
- Salt og peber

INSTRUKTIONER:

a) Bland alle ingredienser og læg ¼ i hver tærteskal. overlap dejen over fyldet for at lave fraktioneret -måneformede tærter.

b) Forsegl kanterne og skær et par små slidser på toppen.

c) Grill i 15 minutter.

13. Rutabaga Kartoffelgryderet

INGREDIENSER:
- 1 pund magert hakkebøf
- 1 løg, hakket
- 4 stilke selleri, hakket
- 3/4 kop ketchup
- 7 kopper vand
- 1/2 kop babygulerødder
- 1 lille rutabaga, hakket
- 4 store kartofler, hakkede
- 1 lille hovedkål, finthakket

INSTRUKTIONER:

a) I en gryde røres og koges selleri, løg og hamburger ved middel varme, indtil kødet er brunet. Dræn ekstra fedt.

b) Bland kartofler, rutabaga, babygulerødder, vand og ketchup i. Koge.

c) Lad det simre i 20 minutter ved svag varme.

d) Rør hakket kål i. Kog til grøntsagerne er møre i 30-45 minutter.

14. Rodgrøntsagsbøfgryderet

INGREDIENSER:
- 1 pund magert oksekød (90 % magert)
- 1 mellemstor løg, hakket
- 2 dåser (14-1/2 ounce hver) oksekødsbouillon med reduceret natriumindhold
- 1 mellemstor sød kartoffel, skrællet og skåret i tern
- 1 kop gulerødder i tern
- 1 kop skrællet rutabaga i tern
- 1 kop skrællede pastinakker i tern
- 1 kop skrællede kartofler i tern
- 2 spsk tomatpure
- 1 tsk Worcestershire sauce
- 1/2 tsk tørret timian
- 1/4 tsk salt
- 1/4 tsk peber
- 1 spsk majsstivelse
- 2 spsk vand

INSTRUKTIONER:
a) I en stor kedel eller den hollandske ovn tilberedes løg og oksekød ved middel varme, indtil der ikke er lyserødt tilbage; dræn derefter.
b) Tilsæt peber, salt, timian, Worcestershire sauce, tomatpure, grøntsager og bouillon. Lad det koge op. Lavere varme; simre under låg i 30-40 minutter, indtil grøntsagerne er bløde.
c) I en lille skål, kombinere vand og majsstivelse indtil glat; blandes i gryden. Sæt i kog; kog og bland i 2 minutter, indtil det er tyknet.

15. Kalkunpølse med rodfrugter

INGREDIENSER:
- 1 pakke (14 ounce) røget kalkun kielbasa, skåret i 1/2-tommers stykker
- 1 mellemstor løg, hakket
- 1 kop skrællet rutabaga i tern
- 1 kop skåret gulerødder
- 1 tsk rapsolie
- 4 kopper skrællede kartofler i tern
- 1 dåse (14-3/4 ounce) kyllingebouillon med reduceret natriumindhold
- 1 tsk tørret timian
- 1/4 tsk gnidet salvie
- 1/4 tsk peber
- 1 laurbærblad
- 1/2 mellemstor hovedkål, skåret i 6 skiver
- 1 tsk universalmel
- 1 spsk vand
- 1 spsk hakket frisk persille
- 2 tsk cidereddike

INSTRUKTIONER:
a) Steg gulerødder, rutabaga, løg og pølse i en hollandsk ovn med olie, indtil løget er mørt, eller cirka 5 min. Kom laurbærblad, peber, salvie, timian, bouillon og kartofler i. Koge. Top med kålbåde. Sænk varmen og lad det simre, tildækket, indtil kål og kartofler er møre, eller cirka 20 til 25 minutter.
b) Overfør kål forsigtigt til en lav serveringsskål; hold derefter varmen. Fjern laurbærblad. Bland vand og mel til de bliver
c) glat; rør i pølseblandingen. Kog og kog under omrøring, indtil det er tyknet, eller ca. 2 min. Rør eddike og persille i. Læg ovenpå kålen med en ske.

16. Rig ungarsk gulaschsuppe

INGREDIENSER:
- 1-1/4 pund oksekød gryderet, skåret i 1-tommers terninger
- 2 spsk olivenolie, delt
- 4 mellemstore løg, hakket
- 6 fed hvidløg, hakket
- 2 tsk paprika
- 1/2 tsk kommenfrø, knust
- 1/2 tsk peber
- 1/4 tsk cayennepeber
- 1 tsk saltfri krydderiblanding
- 2 dåser (14-1/2 ounce hver) oksekødsbouillon med reduceret natriumindhold
- 2 kopper skrællede kartofler i tern
- 2 kopper skåret gulerødder
- 2 kopper skrællede rutabagas i tern
- 2 dåser (28 ounce hver) tomater i tern, udrænet
- 1 stor sød rød peberfrugt, hakket
- 1 kop (8 ounce) fedtfri creme fraiche

INSTRUKTIONER:
a) Brun oksekød i en hollandsk ovn i 1 spsk olie ved middel varme. Tag oksekødet ud; lad dryp dryppe af.
b) Opvarm derefter den resterende olie i den samme gryde; sautér hvidløg og løg ved middel varme, indtil de er let brunede, 8-10 minutter. Tilsæt krydderiblandingen, cayennepeber, peber, kommen og paprika; kog og rør i et minut.
c) Læg oksekødet tilbage i gryden. Tilføj rutabagas, gulerødder, kartofler og bouillon; bring i kog. Dernæst lavere varme; dæk og kog i 1 1/2
d) timer, eller indtil kødet er næsten mørt og grøntsagerne er møre.
e) Sæt i rød peber og tomater; bringes i kog igen. Reducer derefter varmen; dæk og kog i 30-40 minutter mere, eller indtil kød og grønt er blødt. Nyd med creme fraiche.

17. Boghvedebage med rodfrugter

INGREDIENSER:
- Olivenolie madlavningsspray
- 2 store kartofler i tern
- 2 gulerødder, skåret i skiver
- 1 lille rutabaga i tern
- 2 selleristængler, hakket
- ½ tsk røget paprika
- ¼ kop plus 1 spsk olivenolie, delt
- 2 rosmarinkviste
- 1 kop boghvede gryn
- 2 dl grøntsagsbouillon
- 2 fed hvidløg, hakket
- ½ gult løg, hakket
- 1 tsk salt

INSTRUKTIONER:
a) Forvarm airfryeren til 380°F. Beklæd indersiden af en ildfast fad med 5 kopper let med olivenoliespray. (Formen på gryderetten afhænger af størrelsen på airfryeren, men den skal kunne rumme mindst 5 kopper.)
b) I en stor skål, smid kartofler, gulerødder, rutabaga og selleri med paprika og ¼ kop olivenolie.
c) Hæld grøntsagsblandingen i den tilberedte ildfast fad og top med rosmarinkviste. Sæt ildfastfadet i airfryeren og bag i 15 minutter.
d) Mens grøntsagerne koger, skyl og dræn boghvedegrynene.
e) Kombiner gryn, grøntsagsbouillon, hvidløg, løg og salt i en mellemstor gryde over medium-høj varme med den resterende 1 spsk olivenolie. Bring blandingen i kog, reducer derefter varmen til lav, dæk til og kog i 10 til 12 minutter.
f) Fjern gryderetten fra airfryeren. Fjern rosmarinkvistene og kassér dem. Hæld den kogte boghvede i fadet med grøntsagerne og rør rundt. Dæk med aluminiumsfolie og bag i yderligere 15 minutter.
g) Rør rundt inden servering.

18.Havaborre med ristede rodfrugter

INGREDIENSER:
- 1 gulerod i små tern
- 1 pastinak, skåret i små tern
- 1 rutabaga i små tern
- ¼ kop olivenolie
- 2 tsk salt, delt
- 4 havaborrefileter
- ½ tsk løgpulver
- 2 fed hvidløg, hakket
- 1 citron, skåret i skiver, plus yderligere skiver til servering

INSTRUKTIONER:
a) Forvarm airfryeren til 380°F.
b) I en lille skål, smid gulerod, pastinak og rutabaga med olivenolie og 1 tsk salt.
c) Krydr havbarsen let med den resterende 1 tsk salt og løgpulveret, og læg den derefter i airfryer-kurven i et enkelt lag.
d) Fordel hvidløget over toppen af hver filet, og dæk derefter med citronskiver.
e) Hæld de tilberedte grøntsager i kurven rundt om og oven på fisken. Steg i 15 minutter.
f) Server med ekstra citronbåde, hvis det ønskes.

19. Kødædende oksegryderet med rodfrugter

INGREDIENSER:
- 2 lbs oksekød gryderet kød
- 1/3 kop universalmel
- Knib fint havsalt
- 3 spiseskefulde animalsk fedt
- 3 kopper oksefond fordelt
- 6 franske skalotteløg pillede og halveret
- 2 små løg pillede, skåret i 8
- 2 fed hvidløg hakket
- 1 lb rutabaga skrællet og skåret i 1-tommers terninger
- 3 mellemstore gulerødder skrællet og skåret i mønter
- 1 tsk dijonsennep

INSTRUKTIONER:
a) Forvarm ovnen til 275°F.
b) Rør 1 tsk fint havsalt i melet. Drys 4 spiseskefulde krydret mel over oksekødet og vend oksekødet grundigt i melet.
c) Over medium varme, smelt 1 spsk animalsk fedt i en stor hollandsk ovn.
d) Tilsæt oksekødet og brun kødet over det hele, vend hvert stykke med en tang. Sæt til side.
e) Hæld omkring 1/2 kop oksefond i gryden for at deglaze; Skrab bunden for at få alle de brunede stykker op. Hæld denne sovs over det brunede oksekød.
f) Overfør til en skål.
g) Ved middel varme smeltes en spiseskefuld animalsk fedt i gryden. Vend skalotteløg og løg i.
h) Sauter i 2 minutter og tilsæt derefter hvidløget; tilsæt rutabaga, gulerødder også. Sauter i 3-4 minutter, indtil grøntsagerne er bløde rundt i kanterne.
i) Drys resterende krydret mel over grøntsagerne (ca. 2 spiseskefulde) og rør godt rundt.
j) Kog i cirka et minut, og hæld derefter den resterende oksefond i.
k) Kom oksekødet og al saft tilbage i gryden. Tilføj Dijon. Rør grundigt. Dæk gryden med et tætsluttende låg og sæt den i ovnen.

l) Langsom braise gryderet i 3 timer. Tag låget af og kog i yderligere en time. Lad gryderet køle af i cirka 15 minutter før servering.
m) Server med kartoffelmos.

20.Tapiokasuppe og efterårsgrøntsager

INGREDIENSER:
- 3 kopper grøntsagsbouillon
- 1 kvist rosmarin
- 4 blade salvie
- 1 appelsin, saft og revet skal
- 1 lille rutabaga, skåret i julienne
- 3 gulerødder, skåret i skiver
- 1 sød kartoffel, skrællet, skåret på langs og skåret i skiver
- 10 radiser i kvarte
- 2 kopper (500 ml) sojamælk
- 1 tsk (5 ml) karrypulver
- 1 tsk malet ingefær
- 1/2 tsk stødt gurkemeje
- 1/4 kop store tapiokaperler
- 1/2 rødløg, finthakket
- 1 spsk hakket fladbladet persille
- 1 spsk græskarkerner

INSTRUKTIONER:
a) Varm grøntsagsbouillonen op med rosmarin, salvie og appelsinjuice.
b) Bring i kog og tilsæt rutabaga, gulerødder, søde kartofler og radiser. Kog i cirka 15 minutter. Sæt til side.
c) Opvarm sojamælken med karry, ingefær og gurkemeje i en anden gryde.
d) Lad det simre, drys tapiokaen i, og kog forsigtigt i 20 minutter, eller indtil tapiokaen bliver gennemsigtig.
e) Varm bouillonen op med grøntsagerne, fjern rosmarin og salvie, og tilsæt i sidste øjeblik tapiokablandingen, appelsinskal, løg, græskarkerner og persille.

21. Fermenteret hakket salat med Rutabaga

INGREDIENSER:
- 1 radise, finthakket
- ½ lille løg, finthakket
- 1 majroe, skåret i ½-tommers stykker
- 1 gulerod, skåret i ½-tommers stykker
- 3 små æbler, skåret i ½-tommers stykker
- Håndfuld grønne bønner, hakket i 1-tommers længder
- 1 rutabaga, skåret i ½-tommers stykker
- 1 til 2 vindrueblade, grønkålsblade eller andre store bladgrøntsager (valgfrit)
- 3 spsk uraffineret fint havsalt eller 6 spsk uraffineret groft havsalt
- 1 liter (eller liter) filtreret vand

INSTRUKTIONER:

a) I en mellemstor skål, smid radise, løg, majroer, gulerod, æbler, grønne bønner og rutabaga sammen; overføres til en lille krukke.

b) Placer druebladene eller andre grønne grøntsager over toppen af de hakkede salatingredienser for at hjælpe med at holde dem under saltlagen, og tyng ned med fødevaresikre vægte eller en krukke eller skål med vand.

c) Opløs saltet i vandet i en kande eller et stort målebæger, rør om nødvendigt for at tilskynde saltet til at opløses. Hæld saltlagen over salaten, dæk med låg eller klæde, og lad den gære i en uge.

d) Fjern vægtene, og fjern og kassér druebladene eller andet bladgrønt. Anret til krukker eller en skål, dæk til og stil på køl, hvor salaten skal holde sig seks måneder til et år.

22. Efterårs kylling og rodfrugtsaft

INGREDIENSER:
- 1 Pakke Flødesuppe Base, forberedt
- 1 lb. Kyllingebryst, udbenet, uden skind
- ¼ kop citronsaft
- 4 ea. Hvidløgsfed, knust
- ¼ kop olivenolie
- 8 oz. Løg, i tern
- 8 oz. Sød kartoffel, skrællet og skåret i tern
- 4 oz. Pastinak, skrællet og skåret i tern
- 4 oz. Gulerødder, skrællet og skåret i tern
- 4 oz. Rutabaga, skrællet og skåret i tern
- 4 oz. Roer, skrællet og skåret i tern
- 2 ea. Hvidløgsfed, hakket
- 3 kopper kyllingebund, tilberedt
- ¼ kop salvie, frisk, hakket
- Efter behov Kosher salt og knækket peber
- Efter behov Baby Rucola, lynstegt (valgfrit)

INSTRUKTIONER:

a) Forbered flødesuppebasen i henhold til pakkens anvisninger.

b) Kombiner kyllingebryst, citronsaft, hvidløg og olivenolie i en lynlåspose og mariner under køl i 1 time.

c) Forvarm varmluftsovnen til 375°F. Læg afdryppet kylling på en bageplade beklædt med bagepapir, krydr med salt og peber. Steg i 12 minutter på hver side, eller indtil den indre temperatur når 165°F. Afkøl og træk kylling.

d) Smelt smør i en separat gryde. Tilsæt løg, søde kartofler, pastinak, gulerødder, rutabaga og majroer. Kog indtil løgene er gennemsigtige.

e) Tilføj forberedt kyllingebund til grøntsagsblandingen, bring det i kog og reducer varmen og lad det simre, indtil grøntsagerne er møre.

f) Tilføj tilberedt flødesuppebase, pulled chicken og hakket salvie. Sæt over medium varme og kog indtil Chowder når 165 ° F. Hold for service.

g) Smag til og pynt med lynstegt rucola efter behag.

23. Efterårsfestival Kalkun Chowder

INGREDIENSER:
- 2,5 oz. Smør
- 12,5 oz. Løg, hvide, i tern
- 12,5 oz. Pastinak, skrællet, skåret i tern
- 12,5 oz. Roer, skrællet, skåret i tern
- 12,5 oz. Rutabagas, skrællet, skåret i tern
- 12,5 oz. Gulerødder, skrællet, skåret i tern
- 12,5 oz. Søde kartofler, skrællet, skåret i tern
- 2,5 qts. Tyrkiet base
- 1 ea. Flødesuppebase, 25,22 oz. taske, forberedt
- 40 oz. Kalkunbryst, ristet, i tern
- ½ kop salvie, frisk, hakket
- Efter behov Kosher salt
- Efter behov Knækket peber
- Efter behov Cheddar ost, revet

INSTRUKTIONER:

a) Smelt smørret i en stor gryde ved middel varme. Sauter løg, pastinak, majroer, rutabagas, gulerødder og søde kartofler i 10 minutter.

b) Tilsæt kalkunbunden til grøntsagsblandingen, bring det i kog, reducer varmen og lad det simre, indtil grøntsagerne er møre, cirka 20 minutter.

c) Tilsæt flødesuppebase, kalkun og salvie. Bland for at kombinere, lad det simre i 30 minutter eller indtil det er gennemvarmet. Smag til og juster krydderier.

d) Pynt med cheddarost.

24. Lamme- og rodfrugtsaft

INGREDIENSER:
- 1 lb. lammegryderet kød i tern
- 1 løg, i tern
- 2 fed hvidløg, hakket
- 2 kopper hønsebouillon
- 1 kop pastinak i tern
- 1 kop rutabaga i tern
- 1 kop gulerødder i tern
- 1 kop kartofler i tern
- 1 tsk. timian
- Salt og peber
- Olivenolie

INSTRUKTIONER:

a) I en stor gryde eller hollandsk ovn, opvarm lidt olivenolie over medium-høj varme.

b) Tilsæt lammekødet og steg til det er brunet på alle sider.

c) Fjern lammet med en hulske og stil til side.

d) Tilsæt løg og hvidløg til gryden og steg indtil det er blødt, cirka 5 minutter.

e) Tilsæt hønsebouillon, pastinak, rutabaga, gulerødder, kartofler og timian og bring det i kog.

f) Skru ned for varmen og lad det simre i 45-50 minutter, eller indtil grøntsagerne er møre.

g) Kom lammet tilbage i gryden og kog i 5-10 minutter mere, eller indtil det er gennemvarmet.

h) Smag til med salt og peber og server varm.

25.Oksehalesuppe med Rutabaga

INGREDIENSER:
- 3 ½ pund oksehaler
- 3 laurbærblade
- 1 Selleristængler, hakket
- 2 kopper grønne bønner
- 1 Rutabaga i tern
- 14 ounce dåse tomater i tern
- ¼ kop Ghee
- 1 timiankvist
- 1 rosmarin kvist
- 2 Porrer, skåret i skiver
- 2 ½ liter vand
- 2 spsk. Citronsaft
- ¼ tsk stødt nelliker
- Salt og peber efter smag

INSTRUKTIONER:
a) Smelt ghee i din IP på SAUTE.
b) Tilsæt oksehalerne og kog indtil de er brune. Du skal muligvis arbejde i batches her.
c) Hæld vandet over og tilsæt timianrosmarin, laurbærblade og nelliker.
d) Kog på HIGH i 1 time.
e) Lav en naturlig trykudløsning.
f) Fjern kødet fra IP og riv det på et skærebræt.
g) Kom rutabaga og porrer i gryden og luk låget.
h) Kog på HIGH i 5 minutter.
i) Tilsæt de resterende grøntsager og kog i 7 minutter mere.
j) Tilsæt kødet og luk igen.
k) Kog på HIGH i 2 minutter.
l) Rør citronsaften i og smag til med salt og peber.
m) Server og nyd!

26. Begedil Kartoffelfrikadeller

INGREDIENSER:
- Rutabaga
- Blomkål
- 2 små skalotteløg
- spsk. Hakket oksekød
- 1 spsk. hakkede bladselleri
- 1 spsk. hakket grønt løg
- 1/2 tsk. Hvid peber (eller sort peber)
- 1/4 tsk. Salt
- 1 stort æg (kun lidt bruges)
- 4 spsk. Kokosolie

INSTRUKTIONER:
a) Skær 5 oz. Rutabaga i små stykker og steg til de er brune med 1 spsk. Kokosolie.
b) Med en støder og morter bankes den stegte Rutabaga, indtil den er blød. Brug alternativt en foodprocessor. Når du er færdig, læg til side.
c) Mikroovn 5 oz. Blomkål indtil det er blødt og stød med en støder og morter (eller brug en foodprocessor).
d) Skær 2 skalotteløg i tynde skiver. Med en lille og lavvandet wok (for at skabe en dybere olie, men der bruges kun lidt) og 1 spsk. Kokosolie, steg indtil brun og sprød, men ikke brændt. Sæt til side.
e) Med samme olie sauteres 4 spsk. Hakket oksekød indtil brunt. Smag til med salt og peber efter smag.
f) I en skål tilsættes stødt Rutabaga og blomkål, stegt skalotteløg, kogt hakket oksekød, 1 spsk. hver af bladselleri og grønne løg, 1/2 tsk. Hvid peber (eller sort peber) og 1/4 salt. Bland godt.
g) Scoop omkring 1 spsk. af blandingen og form til en lille bøf. Jeg lavede 10 bøffer i alt.
h) Pisk 1 æg i en anden skål og beklæd hver patty, men ikke helt (gør hver før stegning).
i) Steg bøfferne i omgange med kokosolie, indtil de er brune. Jeg brugte 2 spsk. Kokosolie i alt til dette (to partier, 1 spsk. hver).
j) Server med en gryderet eller alene

27. Høst grøntsager og quinoa

INGREDIENSER:
- 1½ kop Quinoa
- 4 kopper vand
- ½ tsk salt
- 1 mellemstor majroe; skrællet og skåret i tern
- 4 mellemstore gulerødder
- 1 lille Rutabaga; skrællet og skåret i tern
- 1 kop skrællet butternut squash i tern
- 1 tsk olivenolie
- 1 lille gult løg; i tern
- 1 stort fed hvidløg; hakket
- ¼ kop hakkede friske salvieblade
- Salt og hvid peber

INSTRUKTIONER:

a) I en mellemstor gryde kombineres skyllet quinoa med vand og salt. Bring det i kog, og lad det simre tildækket, indtil det lige er kogt (ca. 10 minutter). Dræn, skyl med koldt vand og stil til side.

b) Kombiner majroer, gulerødder, rutabaga og squash i en stor gryde med en grøntsagsdamper. Damp grøntsagerne i 7 til 10 minutter, eller indtil de er møre

c) Svits løg og hvidløg i olie i en stor nonstick-gryde, indtil løget er blødt, cirka 4 minutter. Rør salvieblade i og kog lige indtil salvie er let brunet og duftende, 1 til 2 minutter.

d) Tilsæt quinoa og grøntsager til stegepanden og vend det godt sammen. Tilsæt salt og peber efter smag, varm evt igennem og server varm.

28.Klassisk Pot-Au-Feu

INGREDIENSER:

- 2 spsk olivenolie
- ½ tsk sort peber
- 4 selleristængler, i tern
- 4 gulerødder, skrællet og skåret i tern
- 4 Yukon Gold kartofler i tern
- 4½ dl vand
- 1 hvidløgshoved, skåret i to på kryds og tværs
- 1¾ tsk kosher salt
- 5 friske timiankviste
- 2 pund chucksteg, udbenet og trimmet
- 3 laurbærblade
- 2 porrer, halveret på langs
- 1 rutabaga i tern
- ¼ kop creme fraiche
- 1½ pund udbenet oksekød korte ribben, trimmet
- 2 spsk frisk purløg i tynde skiver
- Cornichons
- Dijon sennep
- Tilberedt peberrod

INSTRUKTIONER:

a) Varm en nonstick-gryde op over moderat varme. Kog stegen i olie i den varme stegepande, der bliver brun på alle sider, i 5 minutter.
b) Smag godt til med salt og peber.
c) Flyt stegen til en 6 liter Slow Cooker.
d) Tilføj ribbenene til de reserverede dryp i den varme stegepande, og steg, vend til brune på alle sider, i 6 minutter.
e) Overfør ribbenene til Slow Cooker, og behold dryppene i stegepanden. Tilsæt timian, laurbærblade, hvidløg og vand til de reserverede drypper i den varme stegepande, omrør for at løsne de brunede stykker fra bunden af stegepanden; hældes i Slow Cooker.
f) Kog langsomt i 5 timer.
g) Bland i rutabaga, porre, selleri, kartofler, gulerødder og rutabaga. Kog langsomt, cirka 3 timer.
h) kassér hvidløg, timiankviste og laurbærblade.

i) Skær stegen i skiver, og server med ribbenskød, porrehalvdele, selleri, kartofler, gulerødder og rutabaga på et serveringsfad.

j) Dryp med den ønskede mængde af kogevæsken, og server med creme fraiche, purløg, cornichons, dijonsennep, peberrod og den resterende kogevæske.

29.Osteagtig baconbid

INGREDIENSER:
- 1/2 pund rutabaga, revet
- 4 skiver kødfuld bacon, hakket
- 7 ounce Gruyère ost, revet
- 3 æg, pisket
- 3 spsk mandelmel
- 1 tsk granuleret hvidløg
- 1 tsk skalotteløg pulver
- Havsalt og kværnet sort peber efter smag

INSTRUKTIONER:
a) Tilsæt 1 kop vand og en metalbordskive til Instant Pot.
b) Bland alle ovenstående ingredienser , indtil alt er godt indarbejdet.
c) Kom blandingen i en silikonepudebakke, der tidligere er smurt med en nonstick-spray. Dæk bakken med et ark aluminiumsfolie og sænk det ned på bordskånet.
d) Fastgør låget. Vælg "Manuel" tilstand og Lavtryk; kog i 5 minutter. Når tilberedningen er færdig, brug en hurtig trykudløser; fjern forsigtigt låget. Bon appetit!

ROER

30.majroe og løggryde

INGREDIENSER:
- 2½ lbs. gule majroer eller rutabagas (ca. 8 kopper i tern)
- ⅔ kop fint hakket fedt-og-magert frisk svinekød eller side svinekød; eller 3 spsk smør eller madolie
- ⅔ kop finthakkede løg
- 1 spsk mel
- ¾ kop oksebouillon
- ¼ tsk salvie
- Salt og peber
- 2 til 3 spsk frisk hakket persille

INSTRUKTIONER:
a) Skræl majroerne, skær dem i kvarte og derefter i ½ tomme skiver; skær skiver i ½-tommers strimler, og strimlerne i ½-tommers terninger. Hæld i kogende saltet vand og kog uden låg i 3 til 5 minutter, eller indtil det er lidt mørt. Dræne.
b) Hvis du bruger svinekød, sauter langsomt i en 3-quart gryde indtil meget let brunet; ellers tilsæt smørret eller olien i gryden. Rør løgene i, dæk til og steg langsomt i 5 minutter uden at brune. Bland melet i og kog langsomt i 2 minutter.
c) Fjern fra varmen, pisk bouillon i, vend tilbage til varmen og kog op. Tilsæt salvie, og fold derefter majroerne i. Smag til med salt og peber.
d) Dæk gryden til og lad det simre langsomt i 20 til 30 minutter, eller indtil majroerne er møre.
e) Hvis saucen er for flydende, afdæk og kog langsomt i flere minutter, indtil væsken er reduceret og tyknet. Korrekt krydring. (Kan tilberedes på forhånd. Afkøl uden låg; læg låg på og lad det simre et par øjeblikke før servering.)
f) Til servering foldes persillen i og vendes til et varmt serveringsfad.

31.Magisk majroevin

INGREDIENSER:
- 6 lbs. majroer eller rutabagas
- 1 gallon vand
- 2½ lbs. sukker eller 3 lbs. honning
- skal og saft af 3 appelsiner
- saft og skal af 2 store citroner eller 3 tsk. syreblanding
- 1 tsk. gær næringsstof
- ¼ tsk. tannin
- 1 Campden-tablet, knust (valgfrit)
- ½ tsk. pektisk enzym
- 1 pakke champagne eller sherrygær

INSTRUKTIONER:
a) Skrub majroerne godt, skær toppen og rodenderne af. Hak eller skær dem i det kolde vand, og varm dem op. SIDER, må ikke koge, i 45 minutter.

b) Fjern skrællen fra citrusfrugterne (ingen hvid kerne), og pres saften. Læg skrællen i en lille nylon-sivepose i bunden af den primære fermentor.

c) Si majroerne (og pebernødder, hvis du brugte dem) fra vandet. Du kan bruge pastinakkerne til mad, hvis du vælger det.

d) Fjern omkring en liter af vandet for at tilføje tilbage senere, hvis du ikke har nok. Det er svært at sige, hvor meget du vil have tabt i damp, mens du laver mad. Tilsæt sukker eller honning, og lad det simre, indtil sukkeret er opløst. Hvis du bruger honning, skal du simre i 10-15 minutter under omrøring og skumme eventuelt afskum.

e) Hæld det varme vand i en desinficeret primær fermentor over skallen. Tilsæt frugtsaften. (Du kan reservere lidt af appelsinjuice og ekstra grøntsagsvand for at starte gæren senere, hvis du vil.) Tjek, om du har en gallon most. Hvis ikke, fyldes det op med det reserverede vand.

f) Tilføj gærnæringsstof, tannin og syreblanding, hvis du ikke brugte citroner. Dæk til, og fastgør en luftlås. Lad mosten køle af, og tilsæt Campden-tabletten, hvis du vælger at bruge en. Tolv timer efter Campden-tabletten tilsættes pektinenzym. Hvis du ikke bruger tabletten, skal du blot vente, indtil mosten er afkølet, med at tilsætte pektinenzym. Fireogtyve timer senere, tjek PA og tilsæt gæren.

g) Rør dagligt. Om to uger eller deromkring, tjek PA. Løft posen med skal ud og lad den løbe tilbage i beholderen. Må ikke klemmes. Kassér skallen. Lad vinen sætte sig, og læg den i en sekundær gæringskar.

h) Spænd og pasform med luftlås. Stativ efter behov i de næste seks måneder eller deromkring. Tjek PA. Når det gærer ud, aftappes det. Jeg foretrækker denne vin tør. Du kan søde vinen, hvis du vil, før du aftapper den ved at tilføje stabilisator og 2 til 4 ounces sukkersirup pr. gallon.

32.Thanksgiving braiserede majroer

INGREDIENSER:
- ½ pund majroer, skrællet og skåret i tern
- 2 spiseskefulde tomatpure
- 2 spsk vegansk smør
- 1 løg, pillet og skåret i tern
- 1 tsk tørret timian
- 1 gulerod, skrællet og skåret i tern
- 1 laurbærblad
- 2 stilke selleri i tern
- Salt og peber
- 1½ dl bouillon eller vand
- 2 spiseskefulde vegansk smør, blødgjort
- 1 T skeer mel

INSTRUKTIONER:
a) I en gryde smeltes det veganske smør. Tilsæt løg, selleri og gulerod.
b) Kog i cirka 5 minutter. Tilsæt bouillon, tomatpure, timian og laurbærblad til majroer og løg-, gulerods- og selleriblandingen.
c) Kog i 30 til 40 minutter, tildækket, i en 350°F ovn.
d) Mens majroerne braiseres, lav en pasta med vegansk smør og mel.
e) Kom majroerne over i et serveringsfad og hold dem varme i braiseringsgryden.
f) Si braisevæsken i en gryde. Tilsæt stykker af den veganske smør-mel blanding i saucen og pisk, indtil den tykner.
g) Smag til med salt og peber og hæld derefter saucen over majroerne.

33.Taiwanesisk majroe kagesuppe

INGREDIENSER:
TIL ROSEKAGEN:
- 2 kopper rismel
- 2 kopper vand
- 2 kopper revet majroe (daikon radise)
- ¼ kop tørrede rejer, udblødt og hakket
- ¼ kop tørrede svampe, udblødt og skåret i tern
- 2 spsk skalotteløg, hakket
- 2 spiseskefulde vegetabilsk olie
- 2 spsk sojasovs
- 1 tsk salt
- ½ tsk hvid peber

TIL SUPPE:
- 4 kopper hønsebouillon
- 2 kopper vand
- 2 grønne løg, hakket
- Salt og peber efter smag

INSTRUKTIONER:
TIL ROSEKAGEN:
a) I en røreskål kombineres rismel og vand. Rør godt rundt, indtil blandingen er jævn og fri for klumper.
b) Opvarm vegetabilsk olie i en stor pande eller wok over medium varme.
c) Tilsæt de hakkede skalotteløg, tørrede rejer og tørrede svampe til gryden. Steg i cirka 2 minutter, indtil dufter.
d) Kom den strimlede majroer i gryden og steg i yderligere 2-3 minutter, indtil majroen bløder lidt.
e) Hæld rismelsblandingen i gryden og rør konstant, så der ikke dannes klumper.
f) Tilsæt sojasovsen, salt og hvid peber til gryden. Rør godt for at kombinere alle ingredienserne.
g) Kog blandingen ved middel varme under konstant omrøring, indtil den tykner og danner en klistret konsistens.
h) Smør en firkantet eller rund kageform og hæld majroekageblandingen heri. Glat overfladen.

i) Damp majroekagen ved høj varme i cirka 45-50 minutter, indtil den er fast og gennemstegt.
j) Tag majroekagen ud af dampkogeren og lad den køle helt af.
k) Når den er afkølet, fjerner du majroekagen fra panden og skærer den i de ønskede stykker.

TIL SUPPE:
l) Kombiner kyllingebouillon, vand og hakkede grønne løg i en stor gryde. Bring blandingen i kog.
m) Kom den skåret majroekage i gryden og lad den simre i cirka 5 minutter for at blive varm.
n) Smag suppen til med salt og peber efter smag.
o) Server den taiwanske majroe kagesuppe varm som en trøstende og smagfuld ret.

34.Blandet grønt med majroefritter

INGREDIENSER:
- ¼ kop smør
- 1 kop hakket løg
- 1 kop hakkede grønne løg
- 2 stængler selleri, hakket
- 2 spsk finthakket ingefærrod
- 2 fed hvidløg, finthakket
- 1-punds babyroer med grønne toppe
- 10 kopper vand
- 2 ekstra store kyllingebouillonterninger
- ½ kop tør hvidvin eller vand
- ¼ kop majsstivelse
- 6 kopper pakket hele friske spinatblade
- 1¼ tsk stødt sort peber
- ½ tsk salt
- ¼ kop usigtet universalmel
- 1 stort æg, let pisket
- Vegetabilsk olie til stegning

INSTRUKTIONER:
a) Forbered grøntsagerne.
b) Riv de afkølede majroer groft.
c) Kombiner revet majroer, mel, æg og de resterende ¼ t peber og salt.
d) Tilsæt dyngede teskefulde fritterblanding til stegepanden og steg, vend, indtil de er brune på begge sider

35.Persimmons og Daikon Temaki

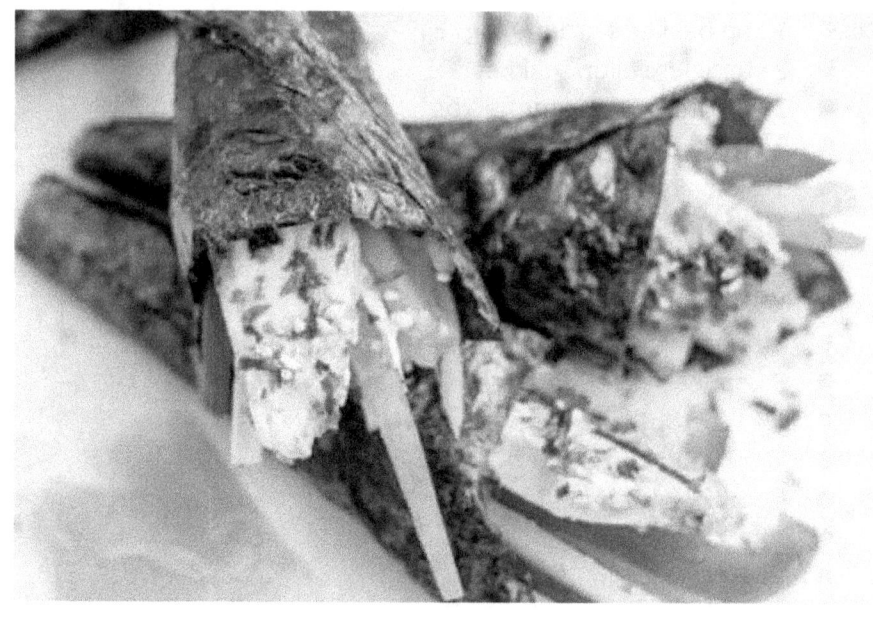

INGREDIENSER :
- 1 kop ukogte sushi ris
- 3 spsk sushikrydderi
- 10 plader ristet sushi nori, halveret
- 1 engelsk agurk
- 1 rød peberfrugt
- 6 ounces konserveret daikon, skåret i tændstik
- 2 Fuyu persimmons, skrællet og skåret i tændstik
- 2 avocadoer, udstenede og skåret i skiver
- furikake til topping

INSTRUKTIONER
a) Kog sushirisene efter pakkens anvisning.
b) Når den er færdigkogt, afkøles den i cirka 15 minutter.
c) Bland sushikrydderierne i.
d) Læg den ene halvdel af nori-arket på et bræt med den skinnende side nedad.
e) Hæld lidt ris på norien.
f) Fordel risene, så du fylder halvdelen af norien.
g) Top norien med et par skiver agurk, rød peber, daikon og persimmon.
h) Top med en skive avocado, og ryst noget furikake ovenpå.
i) Start med nederste højre, rul nori mod venstre, indtil du når enden.
j) Forsegl håndrullen med et par riskorn. Gentag med alle de andre nori-ark.

36. Snow Pea Shoot Daikon Rolls

INGREDIENSER:
- 1 agurk, fint skåret
- Saft af 1 citron
- 1 spsk hakkede mynteblade
- 1 spsk tamari
- 1 spsk radisespirer
- 12 shiso blade
- 2 spsk yuzu juice
- 1 spsk riseddike
- 1 spsk revet galangal
- 1 daikon radise, fint skåret i 12 lange strimler
- 1 spsk sneærteskud, hakket
- 1 moden avocado, fint skåret
- Sorte sesamfrø, til pynt

INSTRUKTIONER:
a) Arranger pladerne af daikon på en arbejdsflade.
b) Hvert daikon-ark skal have 1 shiso-blad på.
c) Kombiner tamari, riseddike, galangal og citronsaft i en skål; læg det til side.
d) Kom sneærteskud, avocado, agurk og mynte i en skål.
e) Tilsæt citrondressingen og rør rundt.
f) Fordel blandingen ligeligt mellem daikon-pladerne, og læg en portion i hver ende.
g) Rul den stramt op, med rullen vendende væk fra dig.
h) Overfør rullerne til et serveringsfad, top med spirer og et skvæt yuzujuice.

RADISE

37. Steget Yuzu kylling med japansk slaw

INGREDIENSER:
- 2 fed hvidløg, knust
- 2 tsk ingefær, revet
- 25 g usaltet smør, smeltet
- ¼ kop yuzu juice eller lime juice
- 2 spsk lys sojasovs
- 4 kylling Maryland's
- ½ tsk sesamolie
- 1 spsk jordnøddeolie
- ½ tsk rørsukker
- Sorte sesamfrø, til servering
- Citronbåde, til servering

JAPANSK SLAW
- 1 avocado, skåret i tynde skiver
- 100 g sukkeraærter, skåret i skiver på langs
- 3 radiser, trimmet, skåret i tynde skiver
- 1 stor gulerod, skåret i tynde tændstik
- ½ bundt purløg, skåret i 4 cm længder
- 150g vilde rucolablade

INSTRUKTIONER:

a) Kombiner hvidløg, ingefær, smør, 2 spsk yuzu og 1 spsk sojasauce i en skål.

b) Tilsæt kylling og vend til pels. Dæk til og stil på køl i 20 minutter for at marinere.

c) Forvarm ovnen til 180°C. Dræn kyllingen, gem marinaden og dup tør.

d) Anbring på en bageplade beklædt med bagepapir og steg, dryp med reserveret marinade hvert 15. minut, i 1 time eller indtil de er gyldne og gennemstegte.

e) Imens kombineres slaw-ingredienserne i en skål. Pisk sesamolie, jordnøddeolie, sukker og de resterende 2 spsk yuzu og 1 spsk soja i en separat skål. Vend med slaw for at kombinere.

f) Server kylling og slaw drysset med sesamfrø, med citron til at presse over.

38.Dampet fisk

INGREDIENSER:
- 3½ kopper dashi eller vand
- 2 kopper sorte ris, kogte
- 1 kop tør hvidvin
- 1 stykke kombu, 3 x 3 tommer
- 1 tsk gurkemejepulver
- 2 laurbærblade
- 2 spsk tørret tang
- kosher salt
- 2 sorte havbars eller rød snapper fileter, dampet
- 5 ounce shiitakesvampe, skåret i halve
- 2 kopper ærteskud
- 2 røde radiser, strimlet
- 2 spsk mynteblade hakket

INSTRUKTIONER:
a) Kombiner bouillon, ris, vin, kombu, salt, gurkemejepulver, laurbærblade og tang i en Crockpot.
b) Kog ved lav temperatur i 1 time.
c) Læg fisken over risene, og top derefter med svampene.
d) Tilsæt mynte, radiser og ærteskud som pynt.

39. Japansk risotto med svampe

INGREDIENSER:
- 4½ kopper Grøntsagslager; eller miso-infunderet bouillon, velsmagende
- 1 spiseskefuld Ekstra jomfru oliven olie
- ½ kop rose-sushi ris
- ½ kop Sake
- Kosher salt
- Friskkværnet sort peber
- ½ kop Enoki svampe
- ½ kop Hakket spidskål
- ¼ kop Radise spirer

INSTRUKTIONER:
a) Hvis du bruger den miso-infunderede bouillon, skal du kombinere 1 spsk miso med 4½ kopper vand og bringe i kog. Reducer varmen og lad det simre.
b) I en gryde varmes olivenolien op over medium-høj varme. Tilsæt risene under konstant omrøring i én retning, indtil de er godt belagt. Tag gryden af varmen og tilsæt sake.
c) Vend tilbage til varmen og rør konstant i én retning, indtil al væsken er absorberet. Tilsæt bouillon eller bouillon i intervaller på ½ kop, under konstant omrøring, indtil al væsken er absorberet ved hver tilsætning.
d) Smag til med salt og peber. Hæld i serveringsskåle, pynt med svampe, spidskål og spirer, og server.
e) Pynt med delikate enoki-svampe, hakket spidskål og krydrede radisespirer.

40. Stegt kylling med pistaciepesto

INGREDIENSER:
- 25 g afskallede pistacienødder
- 1 stort bundt frisk basilikum, blade og stilke groft hakket
- 4 friske myntekviste, blade groft hakket
- Revet skal og saft ½ citron plus ½ citron
- 125 ml ekstra jomfru olivenolie
- 2 kg hel fritgående kylling
- 125 ml tør hvidvin
- 200 g surdejsbrød, revet i stykker
- 200 g blandede radiser, halveret eller kvarte, hvis de er store
- 250 g asparges
- Stor håndfuld ærteskud

INSTRUKTIONER:
a) Opvarm ovnen til 200°C/180°C blæser/gas 6. Pisk pistacienødder, basilikum, mynte og citronskal og -saft i en minihakker eller en lille foodprocessor til en groft pasta. Dryp 100 ml olie i, krydr og pisk for at kombinere. Kom halvdelen af pestoen i et lille serveringsfad og stil til side.

b) Læg kyllingen i en stor, lav bradepande. Arbejd fra halshulen og brug fingrene til at lave en lomme mellem hud og kød

c) af brysterne. Skub pestoen ind under skindet på kyllingen og gnid eventuelt overskydende over skindet. Pres den resterende ½ citron over kyllingen, og læg den derefter i hulrummet. Steg i 20 minutter, og skru derefter ovnen ned til 190°C/170°C blæser/gas 5.

d) Tilsæt vin og 125 ml vand i formen og steg i 40-50 minutter mere, indtil kyllingen er gennemstegt.

e) Læg kyllingen på et bræt, dæk løst med folie, og stil til side til hvile. Hæld stegesaften fra formen i en kande. Tilsæt brød, radiser og asparges i bradepanden, hæld noget af fedtet fra toppen af saften, og vend det sammen med brødet og grøntsagerne.

f) Krydr, og steg derefter i 12-15 minutter, indtil grøntsagerne er møre og brødet er sprødt. Kassér alt fedt fra den resterende saft og varm i en gryde til sovs.

g) Bland den resterende pesto og 25 ml olivenolie og dryp over kyllingen og grøntsagerne. Server med ærteskud og sovs ved siden af.

41. Have Frisk Pizza

INGREDIENSER:
- To nedkølede halvmåneruller
- To pakker cashewflødeost, blødgjort
- ⅓ kop mayonnaise
- 1,4-ounce pakke med tør grøntsagssuppeblanding
- 1 kop radiser, skåret i skiver
- ⅓ kop hakket grøn peberfrugt
- ⅓ kop hakket rød peberfrugt
- ⅓ kop hakket gul peberfrugt
- 1 kop broccolibuketter
- 1 kop blomkålsbuketter
- ½ kop hakket gulerod
- ½ kop hakket selleri

INSTRUKTIONER:
a) Indstil din ovn til 400 grader F, før du gør noget andet.
b) I bunden af en 11x14-tommer jellyroll-pande fordeles halvmånerulledejen.
c) Klem eventuelle sømme sammen med fingrene for at lave en skorpe.
d) Bag alt i ovnen i cirka 10 minutter.
e) Tag det hele ud af ovnen og stil det til side for at køle helt af.
f) Bland mayonnaise, cashewflødeost og grøntsagssuppe i en skål.
g) Læg mayonnaiseblandingen jævnt over skorpen,
h) Top det hele med grøntsagerne jævnt og pres dem forsigtigt ned i mayonnaiseblandingen.
i) Dæk pizzaen med plastfolie og stil den på køl natten over.

42. Cremet radise suppe

INGREDIENSER:
- 1 bundt radiser, skåret og skåret i skiver
- 1 løg, hakket
- 2 fed hvidløg, hakket
- 4 kopper grøntsagsbouillon
- 1 kop tung fløde
- Salt og peber efter smag
- Frisk purløg til pynt

INSTRUKTIONER:

a) Svits radiser, løg og hvidløg i en stor gryde, indtil de er bløde.

b) Tilsæt grøntsagsbouillon og bring det i kog. Lad det simre i 10 minutter.

c) Brug en stavblender eller almindelig blender til at purere suppen, indtil den er glat.

d) Rør den tunge fløde i og smag til med salt og peber.

e) Serveres varm, pyntet med frisk purløg.

43.Krydret Radise Og Gulerodssuppe

INGREDIENSER:
- 1 bundt radiser, skåret og skåret i skiver
- 2 gulerødder, skrællet og skåret i skiver
- 1 løg, hakket
- 2 fed hvidløg, hakket
- 4 kopper grøntsagsbouillon
- 1 tsk spidskommen
- ½ tsk paprika
- ¼ tsk cayennepeber
- Salt og peber efter smag
- Frisk koriander til pynt

INSTRUKTIONER:
a) Sautér radiser, gulerødder, løg og hvidløg i en stor gryde, indtil de er bløde.
b) Tilsæt grøntsagsbouillon, spidskommen, paprika og cayennepeber. Bring det i kog og lad det simre i 15 minutter.
c) Brug en stavblender eller almindelig blender til at purere suppen, indtil den er glat.
d) Smag til med salt og peber.
e) Serveres varm, pyntet med frisk koriander.

44.Radise Og Kartoffelsuppe

INGREDIENSER:
- 1 bundt radiser, skåret og skåret i skiver
- 2 kartofler, skrællet og skåret i tern
- 1 løg, hakket
- 2 fed hvidløg, hakket
- 4 kopper grøntsagsbouillon
- ½ kop mælk eller fløde
- Salt og peber efter smag
- Frisk persille til pynt

INSTRUKTIONER:
a) Svits radiser, kartofler, løg og hvidløg i en stor gryde, indtil de er bløde.
b) Tilsæt grøntsagsbouillon og bring det i kog. Lad det simre i 20 minutter, indtil grøntsagerne er møre.
c) Brug en stavblender eller almindelig blender til at purere suppen, indtil den er glat.
d) Rør mælk eller fløde i og smag til med salt og peber.
e) Serveres varm, pyntet med frisk persille.

45. Radisegrønne suppe

INGREDIENSER:
- Grønt fra 1 bundt radiser, vasket og hakket
- 1 løg, hakket
- 2 fed hvidløg, hakket
- 4 kopper grøntsagsbouillon
- 1 spsk olivenolie
- Saft af 1 citron
- Salt og peber efter smag
- Græsk yoghurt til pynt

INSTRUKTIONER:
a) I en stor gryde sauter du løg og hvidløg i olivenolie, indtil det er blødt.
b) Tilsæt radisegrønt og svits i et par minutter, indtil det er visnet.
c) Tilsæt grøntsagsbouillon og bring det i kog. Lad det simre i 10 minutter.
d) Brug en stavblender eller almindelig blender til at purere suppen, indtil den er glat.
e) Rør citronsaft i og smag til med salt og peber.
f) Serveres varm, pyntet med en klat græsk yoghurt.

46. Afkølet radise suppe

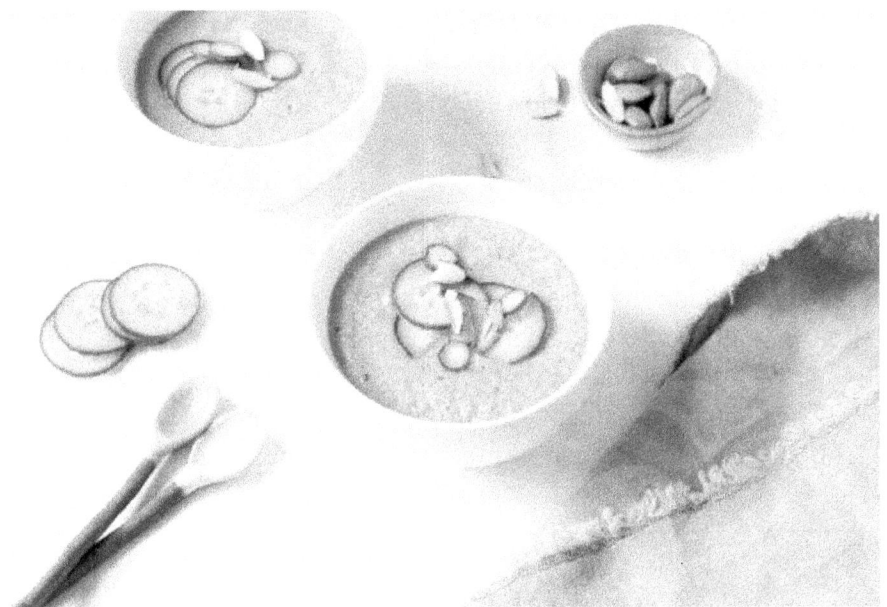

INGREDIENSER:
- 1 bundt radiser, skåret og skåret i skiver
- 1 agurk, skrællet og hakket
- 1 grønt æble, skrællet og hakket
- 2 spsk friske mynteblade
- 2 dl grøntsagsbouillon
- Saft af 1 lime
- Salt og peber efter smag

INSTRUKTIONER:
a) Kombiner radiser, agurk, grønt æble, mynteblade, grøntsagsbouillon, limesaft, salt og peber i en blender.
b) Blend indtil glat.
c) Stil på køl i mindst 1 time til afkøling.
d) Serveres koldt, pyntet med friske mynteblade.

47. Radise Og Rødbedesuppe

INGREDIENSER:
- 1 bundt radiser, skåret og skåret i skiver
- 2 rødbeder, skrællet og hakket
- 1 løg, hakket
- 2 fed hvidløg, hakket
- 4 kopper grøntsagsbouillon
- ¼ kop almindelig græsk yoghurt
- Saft af 1 citron
- Salt og peber efter smag

INSTRUKTIONER:

a) Svits radiser, rødbeder, løg og hvidløg i en stor gryde, indtil de er bløde.

b) Tilsæt grøntsagsbouillon og bring det i kog. Lad det simre i 20 minutter, indtil grøntsagerne er møre.

c) Brug en stavblender eller almindelig blender til at purere suppen, indtil den er glat.

d) Rør græsk yoghurt og citronsaft i. Smag til med salt og peber.

e) Serveres varm, pyntet med et skvæt græsk yoghurt og et drys hakkede radiser.

48. Radise Og Tomatsuppe

INGREDIENSER:
- 1 bundt radiser, skåret og skåret i skiver
- 4 tomater, hakkede
- 1 løg, hakket
- 2 fed hvidløg, hakket
- 4 kopper grøntsagsbouillon
- 2 spsk tomatpure
- 1 spsk olivenolie
- Salt og peber efter smag
- Frisk basilikum til pynt

INSTRUKTIONER:
a) Svits radiser, tomater, løg og hvidløg i en stor gryde i olivenolie, indtil de er bløde.
b) Tilsæt grøntsagsbouillon og bring det i kog. Lad det simre i 20 minutter, indtil grøntsagerne er møre.
c) Brug en stavblender eller almindelig blender til at purere suppen, indtil den er glat.
d) Rør tomatpure i og smag til med salt og peber.
e) Serveres varm, pyntet med friske basilikumblade.

49. Radise og kokos karry suppe

INGREDIENSER:
- 1 bundt radiser, skåret og skåret i skiver
- 1 løg, hakket
- 2 fed hvidløg, hakket
- 1 spsk karrypulver
- 1 dåse kokosmælk
- 4 kopper grøntsagsbouillon
- 1 spsk olivenolie
- Salt og peber efter smag
- Frisk koriander til pynt

INSTRUKTIONER:
a) I en stor gryde sauter du radiser, løg og hvidløg i olivenolie, indtil de er bløde.
b) Tilsæt karry og rør rundt i et minut.
c) Tilsæt kokosmælk og grøntsagsbouillon. Bring i kog. Lad det simre i 15 minutter.
d) Brug en stavblender eller almindelig blender til at purere suppen, indtil den er glat.
e) Smag til med salt og peber.
f) Serveres varm, pyntet med frisk koriander.

50. Radise og spinatsuppe

INGREDIENSER:
- 1 bundt radiser, skåret og skåret i skiver
- 2 kopper friske spinatblade
- 1 løg, hakket
- 2 fed hvidløg, hakket
- 4 kopper grøntsagsbouillon
- 1 spsk smør
- ½ kop mælk eller fløde
- Salt og peber efter smag

INSTRUKTIONER:

a) Svits radiser, spinat, løg og hvidløg i smør i en stor gryde, indtil de er bløde.

b) Tilsæt grøntsagsbouillon og bring det i kog. Lad det simre i 15 minutter.

c) Brug en stavblender eller almindelig blender til at purere suppen, indtil den er glat.

d) Rør mælk eller fløde i og smag til med salt og peber.

e) Serveres varm, pyntet med et drys friske radiseskiver.

51. Radise Og Svampesuppe

INGREDIENSER:
- 1 bundt radiser, skåret og skåret i skiver
- 8 ounce svampe, skåret i skiver
- 1 løg, hakket
- 2 fed hvidløg, hakket
- 4 kopper grøntsagsbouillon
- 2 spsk olivenolie
- ¼ kop almindelig græsk yoghurt
- Salt og peber efter smag
- Frisk timian til pynt

INSTRUKTIONER:
a) Sautér radiser, svampe, løg og hvidløg i en stor gryde i olivenolie, indtil de er bløde.
b) Tilsæt grøntsagsbouillon og bring det i kog. Lad det simre i 20 minutter, indtil grøntsagerne er møre.
c) Brug en stavblender eller almindelig blender til at purere suppen, indtil den er glat.
d) Rør græsk yoghurt i og smag til med salt og peber.
e) Serveres varm, pyntet med friske timianblade.

52. Brændt sød kartoffel og prosciutto salat

INGREDIENSER:
- Honning 1 tsk
- Citronsaft 1 spsk
- Grønne løg (delt og skåret i skiver) 2
- Sød rød peber (fint hakket) ¼ kop
- Pekannødder (hakkede og ristede) ⅓ kop
- Radiser (skåret) ½ kop
- Prosciutto (tynde skåret og skåret i julien) ½ kop
- Peber ⅛ teskefuld
- ½ tsk salt (delt)
- 4 spsk olivenolie (delt)
- 3 søde kartofler, medium (skrællet og skåret i 1-tommer)

INSTRUKTIONER:
a) Forvarm ovnen til 400 grader F.
b) Læg de søde kartofler i en smurt bradepande (15x10x1 tommer).
c) Dryp 2 spsk olie og drys ¼ tsk salt og peber og vend dem ordentligt.
d) Steg i en halv time, og stadig med jævne mellemrum.
e) Drys lidt prosciutto over de søde kartofler og rist det i 10 til 15 minutter, indtil de søde kartofler er møre og prosciuttoen er blevet sprød.
f) Overfør blandingen til en stor skål, og lad den køle lidt af.
g) Tilsæt halvdelen af de grønne løg, rød peber, pekannødder og radiser. Tag en lille skål, og pisk salt, den resterende olie, honning og citronsaft, indtil det er godt blandet.
h) Dryp det over salaten; smid ordentligt for at kombinere. Drys med de resterende grønne løg.

53.Vandmelon Med Radise Microgreens Salat

INGREDIENSER:
- 1 spsk balsamicoeddike
- Salt efter smag
- En håndfuld radise -mikrogrønt
- 2 spsk olivenolie, ekstra jomfru
- 1 skive vandmelon
- 2 spiseskefulde hakkede mandler
- 20 g fetaost, smuldret

INSTRUKTIONER:
a) Læg din vandmelon på en tallerken.
b) Fordel fetaost og mandler oven på vandmelonen.
c) Dryp den ekstra jomfruolivenolie og balsamicoeddike over dem.
d) Tilsæt mikrogrønt på toppen.

54. Mikrogrønt & sneærtesalat

INGREDIENSER:
VINAIGRETTE
- 1 tsk ahornsirup
- 2 tsk limesaft
- 2 spsk hvid balsamicoeddike
- 1½ dl jordbær i tern
- 3 spsk olivenolie

SALAT
- 2 radiser, skåret i tynde skiver
- 6 ounces kål mikrogrønt
- 12 sneærter, skåret i tynde skiver
- Halvede jordbær, spiselige blomster og friske urtekviste til pynt

INSTRUKTIONER:
a) For at lave vinaigretten skal du piske jordbær, eddike og ahornsirup sammen i en blandeskål. Si væsken fra og tilsæt limesaft og olie.
b) Smag til med salt og peber.
c) For at lave salaten skal du kombinere mikrogrønt, sneærter, radiser, gemte jordbær og ¼ kop vinaigrette i en stor røreskål.
d) Tilsæt halverede jordbær, spiselige blomster og friske urtekviste som pynt.

55. Mikrogrøn forårssalat

INGREDIENSER:
- 2 spsk salt
- 1 håndfuld ærteskud mikrogrønt
- ½ kop fava bønner, blancherede
- 4 gulerødder, i små tern, blancheret
- 1 håndfuld Pak Choi mikrogrønt
- 1 håndfuld Wasabi Sennep mikrogrønt
- 1 knivspids amarant mikrogrønt
- 4 radiser, skåret i tynde mønter
- 1 kop ærter, blancherede
- Salt og peber efter smag

GULEROD-INGGERDRESSING
- ¼ kop risvinseddike
- ½ kop vand
- 1-tommer ingefær, skrællet og skåret i skiver
- 1 spsk sojasovs
- 1 spsk mayonnaise
- Kosher salt og sort peber efter smag

INSTRUKTIONER:

a) Kombiner mikrogrønt, radiser, gulerødder, ærter og favabønner, og smag til med salt og peber.

b) Blend ingefær, ½ kop reserverede gulerødder, risvinseddike og vand, indtil det er glat.

c) Tag den ud af blenderen og pisk sojasauce og mayonnaise i .

d) Vend salaten med dressingen , og server

BEET

56. Roehash med æg

INGREDIENSER:
- 1 pund rødbeder, skrællet og skåret i tern
- ½ pund Yukon Gold kartofler, skrubbet og skåret i tern
- Groft salt og friskkværnet sort peber
- 2 spsk ekstra jomfru olivenolie
- 1 lille løg i tern
- 2 spsk hakket frisk persille
- 4 store æg

INSTRUKTIONER:

a) Dæk rødbeder og kartofler med vand i en højpande og bring det i kog. Smag til med salt og kog indtil de er møre, cirka 7 minutter. Dræn og tør panden af.

b) Opvarm olie i en stegepande over medium-høj varme. Tilsæt kogte rødbeder og kartofler og kog indtil kartoflerne begynder at blive gyldne ca. 4 minutter. Reducer varmen til medium, tilsæt løg, og kog under omrøring, indtil de er møre, cirka 4 minutter. Juster krydderier og rør persille i.

c) Lav fire brede brønde i hashen. Knæk et æg i hvert og krydr ægget med salt. Kog indtil hviderne stivner, men blommer stadig er flydende i 5 til 6 minutter.

57.Roeskorpe morgenmadspizza

INGREDIENSER:
TIL PIZZASKORPE:
- 1 kop kogte og purerede rødbeder
- ¾ kop mandelmel
- ⅓ kop brunt rismel
- ½ tsk salt
- 2 tsk bagepulver
- 1 spsk kokosolie
- 2 tsk hakket rosmarin
- 1 æg

TOPPINGS:
- 3 æg
- 2 skiver kogt bacon smuldret op
- avocado
- ost

INSTRUKTIONER :
a) Forvarm ovnen til 375 grader
b) Bland alle ingredienserne til pizzabunden
c) Bages i 5 minutter
d) Tag ud og lav 3 små "brønde" ved hjælp af bagsiden af en ske eller isform
e) Drop de 3 æg i disse "brønde"
f) Bages 20 minutter
g) Top med ost og bacon og bag i 5 minutter mere
h) Tilsæt mere rosmarin, ost og avocado.

58.Beet Chips

INGREDIENSER:
- 4 mellemstore rødbeder, skyl og skåret i tynde skiver
- 1 tsk havsalt
- 2 spsk olivenolie
- Hummus, til servering

INSTRUKTIONER:
a) Forvarm airfryeren til 380°F.
b) I en stor skål, smid rødbederne med havsalt og olivenolie, indtil de er godt dækket.
c) Læg roeskiverne i airfryeren og fordel dem i et enkelt lag.
d) Steg i 10 minutter. Rør rundt, og steg derefter i yderligere 10 minutter. Rør igen, og steg derefter i de sidste 5 til 10 minutter, eller indtil chipsene når den ønskede sprødhed.
e) Server med en favorit hummus.

59. Dild & hvidløgsbeder

INGREDIENSER:
- 4 rødbeder, renset, skrællet og skåret i skiver
- 1 fed hvidløg, hakket
- 2 spsk hakket frisk dild
- ¼ tsk salt
- ¼ tsk sort peber
- 3 spsk olivenolie

INSTRUKTIONER:
a) Forvarm airfryeren til 380°F.
b) Bland alle ingredienserne i en stor skål, så rødbederne er godt belagt med olien.
c) Hæld roeblandingen i airfryer-kurven, og steg i 15 minutter før omrøring, og fortsæt derefter med stegning i 15 minutter mere.

60.Rødbeder forretter salat

INGREDIENSER:
- 2 pund rødbeder
- Salt
- ½ hver Spansk løg i tern
- 4 tomater, flået, frøet og skåret i tern
- 2 spsk Eddike
- 8 spsk olivenolie
- Sorte oliven
- 2 hver Hvidløgsfed, hakket
- 4 spiseskefulde Italiensk persille, hakket
- 4 spiseskefulde Koriander, hakket
- 4 medier Kartofler, kogte
- Salt og peber
- Varm rød peber

INSTRUKTIONER:
a) Skær enderne af rødbederne af. Vask godt og kog i kogende saltet vand, indtil de er møre. Dræn og fjern skindet under rindende koldt vand. Terning.
b) Bland ingredienserne til dressingen.
c) Kombiner rødbeder i en salatskål med løg, tomat, hvidløgskoriander og persille. Hæld halvdelen af dressingen over, vend forsigtigt rundt og stil på køl i 30 minutter. Skær kartoflerne i skiver, læg dem i en lav skål, og vend med den resterende dressing. Chill.
d) Når du er klar til at samle, arrangerer du rødbeder, tomat og løg i midten af en lav skål og kartofler i en ring omkring dem. Pynt med oliven.

61. Roebåde

INGREDIENSER:
- 8 små Rødbeder
- 10 ounces krabbekød , dåse eller frisk
- 2 teskefulde Hakket frisk persille
- 1 tsk Citronsaft

INSTRUKTIONER:

a) Damp rødbederne i 20-40 minutter, eller indtil de er møre. Skyl med koldt vand, skræl og lad afkøle. Bland i mellemtiden krabbekød, persille og citronsaft.

b) Når rødbederne er kolde, halver du og tag centrene ud med en melonballer eller teske, hvilket gør en hul. Fyld med krabbeblanding.

c) Server som forret, eller til frokost sammen med rørt rødbedegrønt.

62. Beet Fritters

INGREDIENSER:
- 2 kopper Revet rå rødbeder
- ¼ kop Løg, i tern
- ½ kop Brødkrummer
- 1 stor Æg, pisket
- ¼ teskefuld Ingefær
- Salt og peber efter smag

INSTRUKTIONER:
a) Bland alle ingredienser. Hæld pandekage-store portioner ud på en varm, olieret bageplade.
b) Kog indtil brun, vend én gang.
c) Server toppet med smør, creme fraiche, yoghurt eller en hvilken som helst kombination af disse.

63.Fyldte rødbeder

INGREDIENSER:
- 6 store Rødbeder
- 6 spiseskefulde Revet skarp ost
- 2 spsk Brødkrummer
- 2 spsk Creme fraiche
- 1 spiseskefuld Pickle relish
- ½ tsk Salt
- ¼ teskefuld Peber
- ¼ kop Smør
- ¼ kop hvidvin

INSTRUKTIONER:

a) Udhul rødbeder, eller brug rødbeder, der er blevet brugt til at lave slikrørspynt.

b) Kog de udhulede rødbeder i letsaltet vand, til de er møre.

c) Afkøl og fjern skindet. Forvarm ovnen til 350F. Bland ost, brødkrummer, creme fraiche, pickle relish og krydderier.

d) Fyld rødbederne med denne blanding og læg dem i et lavt smurt bradefad. Pensl med smør og bag utildækket i en 350 F ovn i 15 til 20 minutter.

e) Smelt smørret og bland det med hvidvinen og drys af og til for at holde det fugtigt.

64.Spansk Makrel Grillet Med Æbler Og Rødbeder

INGREDIENSER:

- 2 spanske makrel (ca. 2 pund hver), afskallet og renset, med gæller fjernet
- 2¼ kopper fennikellage
- 1 spsk olivenolie
- 1 mellemstor løg, finthakket
- 2 mellemstore rødbeder, ristede, kogte, grillede eller dåse; fint hakket
- 1 syrligt æble, skrællet, udkernet og finthakket
- 1 fed hvidløg, hakket
- 1 spsk finthakket frisk dild eller fennikelblade
- 2 spsk frisk gedeost
- 1 lime, skåret i 8 tern

INSTRUKTIONER:

a) Skyl fisken og læg den i en 1-gallon lynlåspose med saltlage, tryk luften ud og forsegl posen. Stil på køl i 2 til 6 timer.

b) Varm olien op i en stor gryde ved middel varme. Tilsæt løgene og sauter indtil de er møre, cirka 3 minutter. Tilsæt rødbeder og æble og sauter indtil æblet er mørt, cirka 4 minutter. Rør hvidløg og dild i og varm igennem, cirka 1 minut. Afkøl blandingen til stuetemperatur og rør gedeosten i.

c) Tænd i mellemtiden en grill for direkte medium varme, omkring 375¡F.

d) Fjern fisken fra saltlagen og dup den tør. Kassér saltlagen. Fyld fiskens hulrum med den afkølede roe- og æbleblanding og fastgør med snor, hvis det er nødvendigt.

e) Pensl grillristen og beklæd den med olie. Grill fisken, indtil skindet er sprødt, og fisken ser uigennemsigtig ud på overfladen, men stadig er filmagtig og fugtig i midten (130¼F på et termometer med øjeblikkelig aflæsning), 5 til 7 minutter pr. side. Tag fisken ud på et serveringsfad og server med limebåde.

65. Rødbede Risotto

INGREDIENSER:
- 50 g smør
- 1 løg, finthakket
- 250 g risotto ris
- 150 ml hvidvin
- 1 liter grøntsagsfond
- 300 g kogte rødbeder
- 1 citron, skrællet og saftet
- fladbladet persille et lille bundt, groft hakket
- 125 g blød gedeost
- en håndfuld valnødder, ristet og hakket

INSTRUKTIONER:

a) Smelt smørret i en dyb stegepande og steg løget med lidt krydderier i 10 minutter, indtil det er blødt. Hæld risene i og rør, indtil hvert korn er dækket, hæld derefter vinen i og boble i 5 minutter.

b) Tilsæt bouillonen en slev ad gangen under omrøring, tilsæt først mere, når den forrige batch er absorberet.

c) Tag i mellemtiden ½ rødbeder og pisk den i en lille blender, indtil den er glat, og hak resten.

d) Når risene er kogt, røres de piskede og hakkede rødbeder, citronskal og -saft og det meste af persillen igennem. Fordel mellem tallerkner og top med en smuldring af gedeost, valnødderne og den resterende persille.

66.Roeskydere med mikrogrønt

INGREDIENSER:
BEDER
- 1 fed hvidløg, knust lidt og pillet
- 2 gulerødder skrællet, skåret
- Knib Salt og peber
- 1 løg, pillet og skåret i kvarte
- 4 rødbeder
- 1 spsk kommenfrø
- 2 stilke selleri skyllet, trimmet

FORBINDING:
- ½ kop mayonnaise
- ⅓ kop kærnemælk
- ½ kop hakket persille, purløg, estragon eller timian
- 1 spsk friskpresset citronsaft
- 1 tsk ansjospasta
- 1 fed hvidløg hakket
- Salt peber _

TOPPING:
- Slider boller
- 1 tyndt skåret rødløg
- Håndfuld blandet mikrogrønt

INSTRUKTIONER:
FORBINDING
a) Kombiner kærnemælk, krydderurter, mayonnaise, citronsaft, ansjospasta, hvidløg, salt og peber.

BEDER
b) I en hollandsk ovn koges rødbeder, selleri, gulerødder, løg, hvidløg, kommen, salt og peber i 55 minutter.
c) Skræl rødbederne og skær dem i skiver.
d) Sauter rødbedeskiver i 3 minutter på hver side i en spraybeklædt gryde.

AT SAMLE
e) Arranger skydebollerne på en tallerken, og top dem med rødbeder, vinaigrette, rødløg og mikrogrønt.
f) God fornøjelse.

67. Rejer med amarant og gedeost

INGREDIENSER:
- 2 Roer Spiraliseret
- 4 oz gedeost blødgjort
- ½ kop Rucola Microgreens Let hakket
- ½ kop Amaranth Microgreens Let hakket
- 1 pund rejer
- 1 kop hakkede valnødder
- ¼ kop rå rørsukker
- 1 spsk Smør
- 2 spsk ekstra jomfru olivenolie

INSTRUKTIONER:
a) Sæt gedeosten ud for at blive blød i 30 minutter, før du starter forberedelserne.
b) Forvarm ovnen til 375 grader
c) Varm en stegepande op over moderat varme.
d) Tilsæt valnødder, sukker og smør til gryden og rør jævnligt ved moderat varme.
e) Rør konstant, når sukkeret begynder at smelte.
f) Når valnødderne er belagt, overføres dem straks til et stykke bagepapir og adskil nødderne, så de ikke stivner klistret sammen. Sæt til side
g) Skær rødbeder i spiraler.
h) Vend spiraler med olivenolie og havsalt.
i) Fordel rødbederne på en bageplade og bag dem i ovnen i 20-25 minutter.
j) Skyl rejer og kom dem i en gryde.
k) Fyld en gryde med vand og havsalt. Bring i kog.
l) Dræn vandet og læg det i et isbad for at stoppe kogningen.
m) Klip og hak rucola-mikrogrønt let. Sæt til side.
n) Tilsæt mikrogrønt til blød ost, og lad et par knivspidser af hver mikrogrønt ligge til side.
o) Blend mikrogrønt og ost.
p) Skrab osteblandingen til en kugle.
q) Tallerkenbeder.
r) Læg en skefuld ost ovenpå rødbederne.

s) Læg valnødder rundt om tallerkenen.
t) Tilsæt rejer og drys med resterende mikrogrønt, salt og revet peber.

68. Grillede kammuslinger med en frisk rødbedesauce

INGREDIENSER:
- 1¼ kop frisk roejuice
- Frugtagtig olivenolie
- 1 tsk hvidvinseddike
- Kosher salt; at smage
- Friskkværnet sort peber; at smage
- 1¼ pund Friske havmuslinger
- Et par dråber frisk citronsaft
- 1 pund Unge grønkålsblade; sej midterkerne fjernet
- Et par dråber sherryeddike
- Frisk purløg; skåret i stave
- Små terninger af gul peberfrugt

INSTRUKTIONER:

a) Kom roejuice i en ikke-reaktiv gryde og kog indtil den er reduceret til cirka ½ kop.

b) Af varmen, pisk 2 til 3 spsk olivenolie langsomt til en reduktion for at tykne saucen. Pisk hvidvinseddike, salt og peber i efter smag. Stil til side og hold varmen.

c) Smør kammuslingerne let og smag til med salt, peber og et par dråber citronsaft.

d) Pensl grønkålsblade med olie og krydr let. Grill grønkål på begge sider, indtil bladene er let forkullede og gennemstegte.

e) Grill kammuslinger, indtil de netop er kogte (midten skal være let uigennemsigtig). Anret grønkålen smukt i midten af varme tallerkener og dryp et par dråber sherryeddike over.

f) Læg kammuslingerne ovenpå og hæld rødbedesauce rundt. Pynt med purløgsstænger og gul peber og server med det samme.

SØD KARTOFFEL

69. Sød kartoffel og spinat Frittata

INGREDIENSER:
- 1 mellemstor sød kartoffel, skrællet og skåret i tern
- 1 kop friske spinatblade
- 1/2 løg, i tern
- 4 æg
- 1/4 kop mælk
- Salt og peber efter smag
- Olivenolie til madlavning

INSTRUKTIONER:
a) Forvarm ovnen til 350°F (175°C).
b) Varm olivenolie op i en ovnsikker stegepande over medium varme.
c) Tilsæt sød kartoffel og løg i tern til stegepanden og kog indtil de søde kartofler er møre, cirka 8-10 minutter.
d) Tilsæt spinatblade og kog indtil de er visne, cirka 2 minutter.
e) I en skål piskes æg, mælk, salt og peber sammen.
f) Hæld æggeblandingen over sød kartoffel og spinat i gryden.
g) Kog på komfuret i et par minutter, indtil kanterne begynder at sætte sig.
h) Overfør stegepanden til den forvarmede ovn og bag i cirka 12-15 minutter, eller indtil frittataen er sat i midten.
i) Tag den ud af ovnen og lad den køle lidt af inden den skæres i skiver og serveres.

70. Sød kartoffel morgenmadsskål

INGREDIENSER:
- 1 mellemstor sød kartoffel, ristet og moset
- 1/2 kop græsk yoghurt
- 2 spsk honning
- 1/4 kop granola
- Friske bær til topping

INSTRUKTIONER:

a) Kombiner sød kartoffelmos, græsk yoghurt og honning i en skål.
b) Rør godt sammen.
c) Top sød kartoffelblandingen med granola og friske bær.
d) Nyd sød kartoffel morgenmadsskålen kold eller ved stuetemperatur.

71.Sød kartoffel og pølse morgenmadsgryde

INGREDIENSER:
- 2 kopper kogte og mosede søde kartofler
- 1 pund morgenmadspølse, kogt og smuldret
- 1/2 løg, i tern
- 1 peberfrugt, skåret i tern
- 1 kop revet cheddarost
- 8 æg
- 1/2 kop mælk
- Salt og peber efter smag

INSTRUKTIONER:

a) Forvarm ovnen til 350°F (175°C).

b) I et smurt ovnfad, læg mosede søde kartofler, kogt pølse, hakket løg, peberfrugt i tern og revet cheddarost.

c) I en skål piskes æg, mælk, salt og peber sammen.

d) Hæld æggeblandingen over ingredienserne i bageformen.

e) Bages i cirka 30-35 minutter, eller indtil æggene er sat og toppen er gyldenbrun.

f) Lad gryden køle af et par minutter, inden den skæres i skiver og serveres.

72. Søde kartoffel morgenmad cookies

INGREDIENSER:
- 1 kop kogte og mosede søde kartofler
- 1/4 kop mandelsmør
- 1/4 kop honning
- 1 tsk vaniljeekstrakt
- 1 kop havregryn
- 1/2 kop fuldkornshvedemel
- 1/2 tsk bagepulver
- 1/2 tsk stødt kanel
- 1/4 tsk salt
- 1/4 kop tørrede tranebær eller rosiner
- 1/4 kop hakkede nødder (valgfrit)

INSTRUKTIONER:
a) Forvarm ovnen til 350°F (175°C) og beklæd en bageplade med bagepapir.
b) Kombiner søde kartoffelmos, mandelsmør, honning og vaniljeekstrakt i en skål. Bland godt.
c) I en separat skål piskes havre, fuldkornshvedemel, bagepulver, kanel og salt sammen.
d) Tilsæt de tørre ingredienser til sød kartoffelblandingen og rør, indtil det er blandet.
e) Fold tørrede tranebær eller rosiner og hakkede nødder i, hvis det ønskes.
f) Drop skefulde af småkagedejen på den forberedte bageplade.
g) Bag i cirka 12-15 minutter, eller indtil småkagerne er let gyldne.
h) Lad småkagerne køle af på bagepladen, før de overføres til en rist for at køle helt af.

73. Sød kartoffel og bacon morgenmad stegepande

INGREDIENSER:
- 2 mellemstore søde kartofler, skrællet og skåret i tern
- 4 skiver bacon, hakket
- 1/2 løg, i tern
- 1 peberfrugt, skåret i tern
- 4 æg
- Salt og peber efter smag

INSTRUKTIONER:

a) I en stegepande koges den hakkede bacon, indtil den er sprød. Fjern fra panden og stil til side.

b) Tilsæt søde kartofler i tern i samme stegepande og kog indtil de er møre, cirka 8-10 minutter.

c) Tilsæt hakket løg og peberfrugt i gryden og steg indtil de er bløde, cirka 3-4 minutter.

d) Skub sød kartoffelblandingen til den ene side af stegepanden og knæk æggene på den anden side.

e) Smag til med salt og peber.

f) Kog indtil æggene er færdige efter din smag og de søde kartofler er let karamelliserede.

g) Drys den kogte bacon over panden.

h) Server morgenmadsgryden med sød kartoffel og bacon varm.

74. Sweet Potato Smoothie Bowl

INGREDIENSER:
- 1 mellemstor sød kartoffel, ristet og skrællet
- 1 frossen banan
- 1/2 kop græsk yoghurt
- 1/2 kop mandelmælk (eller anden mælk efter eget valg)
- 1 spsk honning eller ahornsirup
- Toppings: Banan i skiver, granola, kokosflager, chiafrø

INSTRUKTIONER:
a) Kombiner ristet sød kartoffel, frossen banan, græsk yoghurt, mandelmælk og honning eller ahornsirup i en blender.
b) Blend indtil glat og cremet.
c) Hæld smoothien i en skål og tilsæt dine ønskede toppings, såsom skiver banan, granola, kokosflager og chiafrø.
d) Nyd den søde kartoffel smoothie bowl med det samme.

75. Sød kartoffel morgenmad Burrito skål

INGREDIENSER:
- 2 mellemstore søde kartofler, skrællet og skåret i tern
- 1 spsk olivenolie
- 1 tsk paprika
- Salt og peber efter smag
- 4 æg, røræg
- 1 kop sorte bønner, skyllet og drænet
- Salsa eller varm sauce til servering
- Avocadoskiver til pynt

INSTRUKTIONER:

a) Forvarm ovnen til 425°F (220°C).

b) Smid søde kartofler i tern med olivenolie, paprika, salt og peber i en ovnfast fad.

c) Steg i ovnen i cirka 20-25 minutter, eller indtil søde kartofler er møre og let sprøde.

d) I en skål, lag ristede søde kartofler, røræg og sorte bønner.

e) Top med salsa eller varm sauce og pynt med avocadoskiver.

f) Server burrito-skålen med sød kartoffel-morgenmad varm.

76. Ceviche Peruano

INGREDIENSER:
- 2 mellemstore kartofler
- 2 stk søde kartofler
- 1 rødløg, skåret i tynde strimler
- 1 kop frisk limesaft
- ½ stilk selleri, skåret i skiver
- ¼ kop let pakkede korianderblade
- 1 knivspids stødt spidskommen
- 1 fed hvidløg, hakket
- 1 habanero peber
- 1 knivspids salt og friskkværnet peber
- 1-pund frisk tilapia skåret i ½-tommer
- 1-pund mellemstore rejer - pillede,

INSTRUKTIONER:

a) Læg kartofler og søde kartofler i en gryde og dæk med vand. Læg det snittede løg i en skål med varmt vand.

b) Blend selleri, koriander og spidskommen, og rør hvidløg og habaneropeber i. Smag til med salt og peber, og rør derefter tilapia i tern og rejer

c) Til servering skal du skrælle kartoflerne og skære dem i skiver. Rør løgene i fiskeblandingen. Beklæd serveringsskåle med salatblade. Hæld ceviche som består af saft i skålene og pynt med skiver kartoffel.

77. Ingefærede søde kartoffelfritter

INGREDIENSER:
- EN; (1/2-pund) sød kartoffel
- 1½ tsk Hakket skrællet frisk ingefærrod
- 2 tsk frisk citronsaft
- ¼ tsk Tørrede varme røde peberflager
- ¼ tsk salt
- 1 stort æg
- 5 spsk All-purpose mel
- Vegetabilsk olie til friturestegning

INSTRUKTIONER:
a) Hak den revne søde kartoffel fint med ingefærrod, citronsaft, rød peberflager og salt i en foodprocessor, tilsæt ægget og melet og blend blandingen godt.
b) Opvarm 1½ tommer af olien i en stor gryde og kom spiseskefulde af sødkartoffelblandingen i olien, indtil de er gyldne
c) Overfør fritterne til køkkenrulle til afdrypning.

78. Søde kartoffel skumfidusbider

INGREDIENSER:
- 4 søde kartofler, skrællet og skåret i skiver
- 2 spsk smeltet plantebaseret smør
- 1 tsk ahornsirup
- Kosher salt
- 10-ounce pose skumfiduser
- ½ kop halve pekannødder

INSTRUKTIONER:
a) Forvarm ovnen til 400 grader Fahrenheit.
b) Smid søde kartofler med smeltet plantebaseret smør og ahornsirup på en bageplade og læg dem i et jævnt lag. Smag til med salt og peber.
c) Bages indtil de er bløde, cirka 20 minutter, vend halvvejs igennem. Fjerne.
d) T op hver sød kartoffel runde med en skumfidus og steg i 5 minutter .
e) Server straks med en pecan-halvdel på toppen af hver skumfidus.

79. Fyldte søde kartofler

INGREDIENSER:
- 1 kop vand
- 1 sød kartoffel
- 1 spsk ren ahornsirup
- 1 spsk mandelsmør
- 1 spsk hakkede pekannødder
- 2 spsk blåbær
- 1 tsk chiafrø
- 1 tsk karry p aste

INSTRUKTIONER:

a) Tilsæt en kop vand og dampstativet i din instant-gryde.

b) Luk låget og læg den søde kartoffel på stativet, og sørg for at udløsningsventilen er i den rigtige position.

c) Forvarm Instant Pot til højt tryk i 15 minutter på manuel. Det vil tage et par minutter for trykket at bygge op.

d) Når timeren er gået, skal du lade trykket falde naturligt i 10 minutter. Drej udløserventilen for at udtømme eventuelt resterende tryk.

e) Når svømmerventilen er faldet, fjernes den søde kartoffel ved at åbne låget.

f) Når den søde kartoffel er afkølet nok til at kunne klare, skæres den i halve og kødet moses med en gaffel.

g) Top med pekannødder, blåbær og chiafrø, og dryp derefter med ahornsirup og mandelsmør.

80.Tempura søde kartofler

INGREDIENSER:
- 2 mellemstore søde kartofler
- Vegetabilsk olie, til stegning
- 1 kop universalmel
- ¼ kop majsstivelse
- ½ tsk salt
- 1 kop iskoldt vand
- Dipsauce efter eget valg (f.eks. sojasauce, ponzusauce eller sød chilisauce)

INSTRUKTIONER:
a) Skræl de søde kartofler og skær dem i tynde skiver eller tændstik. Læg dem i blød i koldt vand i et par minutter for at fjerne overskydende stivelse. Dræn og dup tør med et køkkenrulle.
b) Opvarm vegetabilsk olie i en frituregryde eller stor gryde til omkring 350°F (175°C).
c) Kombiner universalmel, majsstivelse og salt i en røreskål. Tilsæt gradvist det iskolde vand under forsigtigt omrøring, indtil du opnår en jævn dejkonsistens. Pas på ikke at overblande; det er okay, hvis der er et par klumper.
d) Dyp hver sød kartoffelskive eller tændstik i tempura-dejen, og sørg for, at den er jævnt belagt. Lad overskydende dej dryppe af, før du forsigtigt lægger dem i den varme olie.
e) Steg de søde kartofler i omgange, og sørg for ikke at overfylde frituregryden eller gryden. Kog dem i cirka 2-3 minutter, eller indtil tempura-dejen bliver gylden og sprød. Fjern dem fra olien med en hulske eller en tang og overfør dem til en tallerken foret med køkkenrulle for at absorbere overskydende olie.
f) Gentag processen med de resterende søde kartofler, indtil alle er kogte.
g) Server tempura søde kartofler varme med en dipsauce efter eget valg. De laver en velsmagende og sprød forret eller kan serveres som tilbehør til et hovedmåltid.

81.Kalkun og sød kartoffel Tempura

INGREDIENSER:
- 2 kalkunkoteletter, skåret i tynde skiver
- 1 lille sød kartoffel, skrællet og skåret i tynde skiver
- 1 kop universalmel
- ¼ kop majsstivelse
- ¼ tsk bagepulver
- ¼ tsk salt
- 1 kop iskoldt vand
- Vegetabilsk olie til stegning
- Honning sennepssauce eller din foretrukne dipsauce til servering

INSTRUKTIONER:
a) Skær kalkunkoteletterne og sød kartoffel i tynde strimler.
b) I en skål piskes mel, majsstivelse, bagepulver og salt sammen.
c) Tilsæt gradvist det iskolde vand til de tørre ingredienser, og pisk, indtil dejen er glat med klumper.
d) Opvarm vegetabilsk olie i en frituregryde eller stor gryde til 180°C (360°F).
e) Dyp hver kalkunstrimmel og sød kartoffelskive i dejen, og belæg dem jævnt.
f) Placer forsigtigt den smækkede kalkun og sød kartoffel i den varme olie og steg, indtil de er gyldenbrune, og vend dem én gang for jævn tilberedning.
g) Brug en hulske til at fjerne den stegte kalkun og sød kartoffel fra olien og overfør dem til en tallerken foret med køkkenrulle for at dræne overskydende olie.
h) Server kalkun- og sødkartoffeltempuraen med honning sennepssauce eller din foretrukne dipsauce for en velsmagende kombination af smag.

82.Sweet kartoffel Nachos

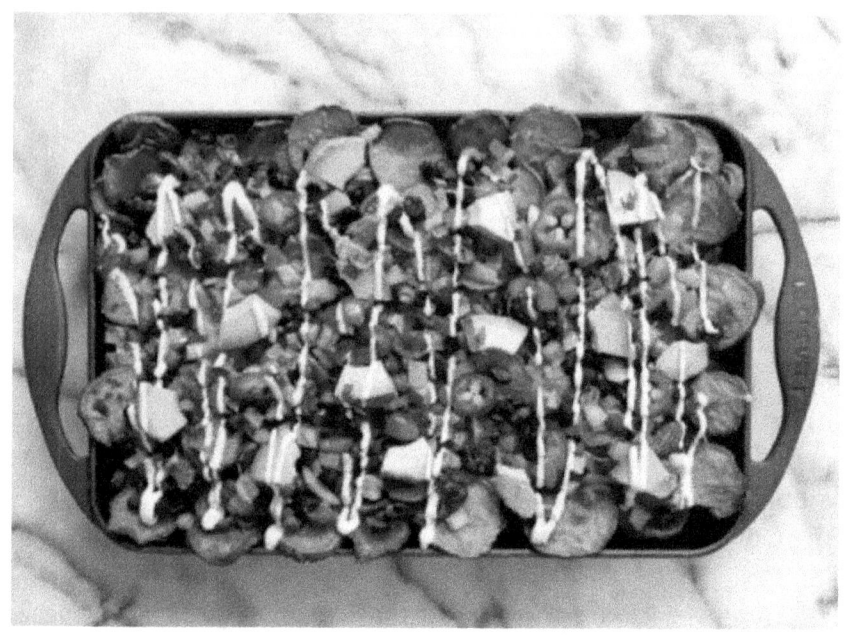

INGREDIENSER:
- 1 spsk olivenolie
- ⅓ kop hakket tomat
- ⅓ kop hakket avocado
- 1 tsk chilipulver
- 1 tsk hvidløgspulver
- 3 søde kartofler
- 1½ tsk paprika
- ⅓ kop revet cheddarost med reduceret fedtindhold

INSTRUKTIONER:

a) Forvarm ovnen til 425 grader Fahrenheit. Beklæd bradepanderne med nonstick-spray og dæk dem med folie.

b) Skræl og skær de søde kartofler i tynde skiver i 14-tommer runder.

c) Vend runderne med olivenolie, chilipulver, hvidløgspulver og paprika.

d) Fordel ligeligt på den forvarmede pande og bag i 25 minutter, vend halvvejs gennem tilberedningstiden, indtil den er sprød.

e) Tag gryden ud af ovnen og top de søde kartofler med bønner og ost.

f) Bag i yderligere 2 minutter, indtil osten er smeltet.

g) Kom tomat og avocado i. Tjene.

83. Bagte søde kartoffelchips

INGREDIENSER:
- 2 store søde kartofler
- 2 spsk olivenolie
- Salt og peber efter smag

INSTRUKTIONER:
a) Forvarm ovnen til 375°F (190°C).
b) Vask og skræl de søde kartofler. Skær dem i tynde skiver med en mandolinskærer eller en skarp kniv.
c) I en stor skål, smid de søde kartoffelskiver med olivenolie, salt og peber, indtil de er jævnt belagt.
d) Arranger skiverne i et enkelt lag på en bageplade beklædt med bagepapir.
e) Bag i 15-20 minutter, vend chipsene halvvejs igennem, indtil de er sprøde og let brune.
f) Tag ud af ovnen og lad chipsene køle af inden servering.

84. Karrykrydrede søde kartoffelchips

INGREDIENSER:
- 2 store søde kartofler
- 2 spsk olivenolie
- 1 tsk karrypulver
- ½ tsk salt
- ¼ teskefuld stødt gurkemeje
- ¼ teskefuld stødt spidskommen

INSTRUKTIONER:

a) Forvarm ovnen til 375°F (190°C).

b) Vask og skræl de søde kartofler. Skær dem i tynde skiver med en mandolinskærer eller en skarp kniv.

c) I en skål, smid de søde kartoffelskiver med olivenolie, karrypulver, salt, gurkemeje og spidskommen, indtil de er godt dækket.

d) Arranger skiverne i et enkelt lag på en bageplade beklædt med bagepapir.

e) Bag i 15-20 minutter, vend chipsene halvvejs igennem, indtil de er sprøde og let brune.

f) Tag ud af ovnen og lad chipsene køle af inden servering.

85. Bbq søde kartoffelchips

INGREDIENSER:
- 2 mellemstore søde kartofler
- 2 spsk olivenolie
- 1 spsk BBQ krydderier
- ½ tsk salt

INSTRUKTIONER:

a) Forvarm ovnen til 375°F (190°C).

b) Vask og skræl de søde kartofler.

c) Skær de søde kartofler i tynde skiver med en mandolinskærer eller en skarp kniv.

d) Bland olivenolie, grillkrydderi og salt i en skål.

e) Smid de søde kartoffelskiver i blandingen, indtil de er godt dækket.

f) Anret søde kartoffelskiverne på en bageplade beklædt med bagepapir.

g) Bages i 15-20 minutter eller indtil de er sprøde og let karamelliserede.

h) Lad chipsene køle af inden servering.

86. Søde kartoffel runder

INGREDIENSER:
- Salt og peber
- ½ bagt sød kartoffel, skåret i skiver
- 2 æg
- ½ kop grønt efter eget valg: mikrogrønt, rucola, spinat eller andet
- EVOO

INSTRUKTIONER:

a) Læg ¾ af det grønne på en tallerken, og dryp let med olivenolie og en knivspids salt.
b) Varm panden eller stegepanden op til medium varme.
c) Tilsæt olivenolie, og læg derefter de søde kartoffelskiver i gryden.
d) Smag til med salt og peber.
e) Kog indtil bunden begynder at blive brun, og vend derefter.
f) Tag de søde kartoffelskiver ud af gryden og læg dem oven på det forkogte grønt.
g) Knæk to æg i gryden.
h) Krydr dem med lidt salt og peber.
i) Tilsæt æggene til de kogte søde kartoffelskiver ovenpå.
j) Pynt retten med de reserverede grøntsager.

87.Kalkunskydere med sød kartoffel

INGREDIENSER:

- 4 æbletræ-røgede baconstrimler, finthakket
- 1-pund malet kalkun
- ½ kop panko-krummer
- 2 store æg
- ½ kop revet parmesanost
- 4 spsk hakket frisk koriander
- 1 tsk tørret basilikum
- ½ tsk stødt spidskommen
- 1 spsk sojasovs
- 2 store søde kartofler
- Strimlet Colby-Monterey Jack ost

INSTRUKTIONER:

a) I en stor stegepande koges bacon over medium varme, indtil det er sprødt; afdryppes på køkkenrulle. Kassér alt undtagen 2 spiseskefulde dryp. Stil stegepanden til side. Kombiner bacon med de næste 8 ingredienser, indtil det er godt blandet; dæk til og stil på køl i mindst 30 minutter.

b) Forvarm ovnen til 425°. Skær søde kartofler i 20 skiver omkring ½ tomme tykke. Læg skiver på en usmurt bageplade; bages til søde kartofler er møre, men ikke grødede, 30-35 minutter. Fjern skiver; afkøles på en rist.

c) Opvarm stegepande med reserverede dryp over medium-høj varme. Form kalkunblandingen til frikadeller på størrelse med skyderen. Tilbered skyderne i portioner, 3-4 minutter på hver side, og pas på ikke at overfylde stegepanden. Tilføj en knivspids strimlet cheddar efter at have vendt hver skyder første gang. Kog indtil et termometer viser 165° og saften er klar.

d) For at servere skal du placere hver skyder på en sød kartoffelskive; dup med honning dijonsennep. Dæk med en anden sød kartoffel skive.

e) Pierce med en tandstik.

88. Sød kartoffel og gulerod Tinga Tacos

INGREDIENSER:

- ¼ kop vand
- 1 kop hvidløg i tynde skiver
- 3 fed hvidløg, hakket
- 2 ½ kopper revet sød kartoffel
- 1 kop revet gulerod
- 1 dåse (14 ounce) tomater i tern
- 1 tsk mexicansk oregano
- 2 Chipotle peberfrugter i adobo
- ½ kop grøntsagsfond
- 1 Avocado, skåret i skiver
- 8 tortillas

INSTRUKTIONER:

a) Tilsæt vand og løg i en stor sauterpande ved middel varme, og steg i 3-4 minutter, indtil løget er gennemsigtigt og blødt. Tilsæt hvidløg og steg videre under omrøring i 1 minut.

b) Tilføj sød kartoffel og gulerod til gryden og kog i 5 min under ofte omrøring.

SOVS:

c) Placer de hakkede tomater, grøntsagsfond, oregano og chipotle peber i blenderen, og kør dem til en jævn masse.

d) Tilsæt chipotle-tomatsauce på panden og kog i 10-12 minutter, under omrøring af og til, indtil de søde kartofler og gulerødder er gennemstegte. Kom eventuelt mere grøntsagsfond i gryden.

e) Server på lune tortillas og top med avocadoskiver.

89.Linser & Ris Frikadeller

INGREDIENSER:
- ¾ kop Linser
- 1 Sød kartoffel
- 10 Friske spinatblade
- 1 kop Friske champignon, hakkede
- ¾ kop mandelmel
- 1 tsk Estragon
- 1 tsk Hvidløgs pulver
- 1 tsk Persilleflager
- ¾ kop Langkornet ris

INSTRUKTIONER:

a) Kog ris, indtil de er kogte og let klistrede, og linser, indtil de er bløde. Afkøl let.

b) Hak en sød kartoffel, der er skrællet, fint, og kog den til den er blød. Afkøl let.

c) Spinatblade skal skylles og rives fint.

d) Bland alle ingredienser og krydderier og tilsæt salt og peber efter smag.

e) Stil på køl i 15-30 min.

f) Form til frikadeller og svits dem på en pande eller på en grøntsagsgrill.

g) Sørg for at smøre eller sprøjte en pande med Pam, da disse frikadeller har tendens til at klæbe.

90. Sødkartoffelskumfidusgryde

INGREDIENSER:
- 4 ½ pund søde kartofler
- 1 kop granuleret sukker
- ½ kop vegansk smør blødgjort
- ¼ kop plantebaseret mælk
- 1 tsk vaniljeekstrakt
- ¼ tsk salt
- 1 ¼ kopper cornflakes korn, knust
- ¼ kop hakkede pekannødder
- 1 spsk brun farin
- 1 spsk vegansk smør, smeltet
- 1½ dl miniature skumfiduser

INSTRUKTIONER:
a) Forvarm ovnen til 425 grader Fahrenheit.
b) Rist søde kartofler i 1 time eller indtil de er bløde.
c) Skær søde kartofler i halve og skrab indersiden ud i en røreform.
d) Brug en elektrisk mixer til at piske den mosede søde kartoffel, perlesukker og de følgende 5 ingredienser, indtil de er glatte.
e) Hæld kartoffelblandingen i en 11 x 7-tommers bageform, der er blevet smurt.
f) Kombiner cornflakes-korn og de næste tre ingredienser i en røreskål.
g) Drys i diagonale rækker 2 inches fra hinanden over fadet.
h) Bages i 30 minutter .
i) Mellem rækker af cornflakes drysses skumfiduser; bages i 10 minutter.

91.Cornflake sød kartoffel gryderet

INGREDIENSER:
- 2 æg
- 3 kopper mosede søde kartofler
- 1 kop sukker
- ½ kop smør, smeltet
- ⅓ kop mælk
- 1 tsk vaniljeekstrakt

TOPPING:
- 3 kopper cornflakes
- ⅔ kop smør, smeltet
- 1 kop pakket brun farin
- ½ kop hakkede nødder
- ½ kop rosiner

INSTRUKTIONER:

a) Pisk æg i en stor skål, kom derefter de næste 5 ingredienser i og bland godt.

b) Hæld i en usmurt 13"x9" bradepande. Bland ingredienserne til toppingen og drys kartoflerne over.

c) Bages ved 350 grader i cirka 30 til 40 minutter.

92.Bønne, hirsebrød med søde kartofler

INGREDIENSER:
- 1 kop hakkede svampe
- 1 spiseskefuld olie
- 1 kop søde kartofler i tern
- Vand, hvis nødvendigt
- ½ kop silketofu
- 2 spsk salsa (valgfrit)
- 2 spsk kartoffelstivelse
- 15-ounce dåse røde bønner, drænet og skyllet
- ½ kop kogt hirse
- 1 kop rugbrød, skåret i små tern
- ½ kop optøet frosne majs eller majs skrabet frisk fra kolben
- 1 tsk hakket rosmarin
- ½ tsk salt
- ½ kop ristede, finthakkede nødder, enhver variant (valgfrit)

INSTRUKTIONER:
a) Varm en tung stegepande op over medium-høj varme. Tilsæt svampe og tørsteg, indtil de slipper deres saft. Reducer varmen.
b) Tilsæt olie og søde kartofler, læg låg på, og kog indtil søde kartofler er bløde.
c) Tilsæt eventuelt lidt vand, så kartoflerne ikke sætter sig fast. Når kartofler og svampe er færdige, skal du fjerne cirka en halv kop og kombinere med tofu, salsa og kartoffelstivelse. Bland godt. Sæt til side.
d) Forvarm ovnen til 350 grader. Beklæd bradepanden med bagepapir. I en stor røreskål kombineres de røde bønner, hirse og rugbrød og moses sammen, indtil de er blandet.
e) Rør tofublandingen, majs, rosmarin, salt og nødder i.
f) Bland godt. Fordel halvdelen af denne blanding i brødformen.
g) Læg de resterende svampe og søde kartofler over lagen, og fordel derefter den resterende bønner og hirseblanding ovenpå. Klap ned. Bages i 45 minutter.
h) Tag ud af ovnen og vend på en rist til afkøling.

93. Sød kartoffel gnocchi med rucola pesto

INGREDIENSER:
- 2 store søde kartofler, bagte og skrællede
- 2 kopper universalmel, plus ekstra til afstøvning
- 1 tsk salt
- ½ tsk malet sort peber
- ¼ tsk stødt muskatnød
- 2 kopper friske rucolablade
- ½ kop revet parmesanost
- ¼ kop pinjekerner
- 2 fed hvidløg, hakket
- ½ kop ekstra jomfru olivenolie
- Salt og peber efter smag

INSTRUKTIONER:
a) Mos de bagte søde kartofler i en stor skål, indtil de er glatte.
b) I en separat skål kombineres universalmel, salt, stødt sort peber og stødt muskatnød.
c) Tilsæt gradvist melblandingen til den mosede søde kartoffel, bland godt, indtil der dannes en blød dej. Hvis dejen er for klistret tilsættes lidt mere mel.
d) Overfør dejen til en let meldrysset overflade og ælt den forsigtigt i et par minutter, indtil den er glat.
e) Del dejen i små portioner. Rul hver del til en rebform, cirka ½ tomme i diameter.
f) Skær rebene i små stykker, cirka 1 tomme lange, for at danne gnocchi. Brug en gaffel til at lave riller på hvert stykke, hvis det ønskes.
g) Bring en stor gryde med saltet vand i kog. Tilsæt sød kartoffel gnocchi og kog dem til de flyder op til overfladen. Dette bør tage omkring 2-3 minutter. Fjern gnocchierne med en hulske og stil dem til side.
h) Kombiner de friske rucolablade, revet parmesanost, pinjekerner, hakket hvidløg og ekstra jomfruolivenolie i en foodprocessor. Behandl indtil blandingen danner en glat pesto. Smag til med salt og peber efter smag.

i) I en stor stegepande opvarmes lidt olivenolie over medium varme. Tilsæt de kogte sød kartoffel gnocchi og smid dem i stegepanden, indtil de er godt dækket og gennemvarmet.

j) Server sød kartoffel gnocchi med rucola pesto, dryp pestoen over gnocchien eller server den ved siden af. Nyd den lækre kombination af sød kartoffel gnocchi og smagfuld rucola pesto.

94.Kastanje og sød kartoffel gnocchi

INGREDIENSER:
GNOCCHI
- 1 + ½ kop ristet sød kartoffel
- ½ kop kastanjemel
- ½ kop sødmælksricotta
- 2 tsk kosher salt
- ½ kop glutenfrit mel
- Hvid peber efter smag
- Røget paprika efter smag

SVAMPE & KASTANJE RAGU
- 1 kop knapsvamp, skåret i 4
- 2-3 portobellosvampe, skåret i fine strimler
- 1 bakke shimeji-svampe (hvide eller brune)
- ⅓ kop kastanje, i tern
- 2 spsk smør
- 2 skalotteløg, finthakket
- 2 fed hvidløg, finthakket
- 1 tsk tomatpure
- Hvidvin (efter smag)
- Kosher salt (efter smag)
- 2 spsk frisk salvie, finthakket
- Persille efter smag

AT FÆRDIGGØRE
- 2 spsk olivenolie
- Parmesanost (efter smag)

INSTRUKTIONER:
GNOCCHI
a) Forvarm ovnen til 380 grader.
b) Stik de søde kartofler igennem med en gaffel.
c) Læg de søde kartofler på en bageplade med kant og steg i cirka 30 minutter, eller indtil de er møre. Lad afkøle lidt.
d) Skræl de søde kartofler og kom dem over i en foodprocessor. Purér indtil glat.
e) Kombiner dr-ingredienserne (kastanjemel, salt, glutenfrit mel, hvid peber og røget paprika) i en stor skål, og hold dem ved siden af.

f) Overfør sød kartoffelpuré til en stor skål. Tilsæt ricottaen og tilsæt ¾ af den tørrede blanding. Overfør dejen til en stærkt meldrysset arbejdsflade og ælt forsigtigt mere mel i, indtil dejen samles, men stadig er meget blød.
g) Del dejen i 6-8 stykker og rul hvert stykke til et 1 tomme tykt reb.
h) Skær rebene i 1-tommers længder og drys hvert stykke med glutenfrit mel.
i) Rul hver gnocchi mod tænderne på en meldrysset gaffel for at lave små fordybninger.
j) Opbevar det på en bakke i køleren, indtil du er klar til at bruge det.

SVAMPE & KASTANJE RAGU
k) Smelt smørret i en varm pande og tilsæt et nip salt.
l) Tilsæt skalotteløg, hvidløg og salvie og svits i 10 minutter, indtil skalotteløgene er gennemsigtige.
m) Tilsæt alle svampene og sauter ved høj varme under konstant omrøring.
n) Tilsæt tomatpure og hvidvin og lad det reducere til svampene er bløde og møre.
o) Top raguen med friskhakket persille og kastanjer i tern. Sæt til side.

AT FÆRDIGGØRE
p) Bring en stor gryde med saltet vand i kog. Tilsæt sød kartoffel gnocchi og kog indtil de flyder til overfladen, cirka 3-4 minutter.
q) Brug en hulske til at overføre gnocchierne til en stor tallerken. Gentag med de resterende gnocchi.
r) Smelt 2 spsk olivenolie i en stor sauterpande.
s) Tilsæt gnocchi, under omrøring forsigtigt, indtil gnocchi er karamelliseret.
t) Tilsæt champignon Ragu og tilsæt et par spiseskefulde af gnocchivandet.
u) Rør forsigtigt og lad det koge i 2-3 minutter ved høj varme.
v) Server med et drys parmesanost på toppen.

95. Sød kartoffel & gulerodsgnocchi

INGREDIENSER:
- 1 stor sød kartoffel, bagt og skrællet
- 1 stor gulerod, kogt og skrællet
- 2 kopper universalmel, plus ekstra til afstøvning
- ½ tsk salt
- ¼ tsk stødt kanel
- ¼ tsk stødt muskatnød
- ¼ teskefuld malet ingefær
- Smør eller olivenolie til madlavning
- Friske salvieblade til pynt

INSTRUKTIONER:
a) Mos den bagte søde kartoffel og kogte gulerod i en stor skål, indtil den er glat.
b) I en separat skål kombineres universalmel, salt, stødt kanel, stødt muskatnød og malet ingefær.
c) Tilsæt gradvist melblandingen til den mosede søde kartoffel og gulerod, bland godt, indtil der dannes en blød dej. Hvis dejen er for klistret tilsættes lidt mere mel.
d) Overfør dejen til en let meldrysset overflade og ælt den forsigtigt i et par minutter, indtil den er glat.
e) Del dejen i små portioner. Rul hver del til en rebform, cirka ½ tomme i diameter.
f) Skær rebene i små stykker, cirka 1 tomme lange, for at danne gnocchi. Brug en gaffel til at lave riller på hvert stykke, hvis det ønskes.
g) Bring en stor gryde med saltet vand i kog. Tilsæt sød kartoffel og gulerodsgnocchi og kog dem til de flyder op til overfladen. Dette bør tage omkring 2-3 minutter. Fjern gnocchierne med en hulske og stil dem til side.
h) Varm lidt smør eller olivenolie op i en separat stegepande over medium varme. Tilsæt den kogte søde kartoffel og gulerodsgnocchi og svits dem, indtil de er let brunede og sprøde.
i) Pynt sød kartoffel & gulerodsgnocchi med friske salvieblade før servering.

JERUSALEM KOORDSKOK

96. Vegetarisk Carpaccio

INGREDIENSER:
- 3 rødbeder i forskellige farver; pink, gul og hvid
- 2 gulerødder i forskellige farver; gul og lilla
- 2 jordskokker
- 4 radiser
- 1 majroe
- ¼ kop olivenolie
- 4 spsk vineddike
- 1 skive brød i tern
- 2 spsk pinjekerner
- 1 spsk græskarkerner
- 2 spsk valnøddeolie
- 1 håndfuld salat
- havsalt
- friskkværnet sort peber

INSTRUKTIONER :

a) Vask alle grøntsagerne. Skær i meget tynde skiver med en mandolin.
b) Kom i en skål, hæld eddike og olivenolie i, og rør forsigtigt med fingrene.
c) Lad stå i en time.
d) Rist brød med pinjekerner og græskarkerner i en tør stegepande under konstant omrøring.
e) Anret grøntsagerne på en tallerken, og pynt med croutoner og frø.
f) Drys med nøddeolie, salt og peber.
g) Pynt med salatblade.

97. Jordskokker med granatæble

INGREDIENSER:

- 500 g jordskokker
- 3 spsk ekstra jomfru olivenolie
- 1 tsk nigella frø
- 2 spsk pinjekerner
- 1 spsk honning
- 1 granatæble, halveret på langs
- 3 spsk granatæble melasse
- 3 spsk feta, smuldret
- 2 spsk fladbladet persille, hakket
- Salt og sort peber

INSTRUKTIONER:

a) Forvarm ovnen til 200C/400F/gasmærke 6. Skrub artiskokkerne godt og halvér eller kvarte dem derefter afhængigt af størrelse. Læg dem på en stor bageplade i et enkelt lag og dryp med 2 spsk af olien. Krydr godt med salt og peber og drys så med nigellafrøene. Steg i 20 minutter eller indtil de er sprøde i kanterne. Tilsæt pinjekerner og honning til artiskokkerne i de sidste 4 minutter af kogningen.

b) Imens skyller du granatæblekernerne ud. Brug en stor skål og en tung træske til at slå på siden af hvert halvt granatæble, indtil alle kernerne er sprunget ud. Fjern eventuelt marv. Hæld saften i en lille skål og tilsæt granatæblesirup og resterende olivenolie. Rør sammen indtil kombineret.

c) Når artiskokkerne og pinjekernerne er klar, hældes de på et serveringsfad med frøene drysset over. Hæld dressingen over det hele og afslut med et drys feta og persille til servering.

98. Kogle Koriander Cocktail

INGREDIENSER:

- 4 jordskokker
- 1 bundt frisk koriander, ca. 1 kop
- 4 store radiser, halet og trimmet
- 3 mellemstore rødder, trimmet

INSTRUKTIONER:

a) Bearbejd jordskokkerne, en ad gangen, gennem din elektroniske juicer i henhold til producentens anvisninger.
b) Rul koriander til en kugle for at komprimere og tilføje.
c) Tilsæt radiser og gulerødder.
d) Bland saften grundigt for at kombinere og server over is som ønsket.

99. Stegt kylling med jordskok

INGREDIENSER :
- 1 lb / 450 g jordskokker, skrællet og skåret på langs i 6 kiler ⅔ tomme / 1,5 cm tykke
- 3 spsk friskpresset citronsaft
- 8 skin-on, udbenede kyllingelår eller 1 mellemstor hel kylling i kvarte
- 12 bananer eller andre store skalotteløg, halveret på langs
- 12 store fed hvidløg, skåret i skiver
- 1 mellemstor citron, halveret på langs og derefter skåret i meget tynde skiver
- 1 tsk safran tråde
- 3½ spsk / 50 ml olivenolie
- ¾ kop / 150 ml koldt vand
- 1¼ spsk pink peberkorn, let knust
- ¼ kop / 10 g friske timianblade
- 1 kop / 40 g estragonblade, hakket
- 2 tsk salt
- ½ tsk friskkværnet sort peber

INSTRUKTIONER :

a) Kom jordskokkerne i en mellemstor gryde, dæk med rigeligt vand, og tilsæt halvdelen af citronsaften. Bring det i kog, sænk varmen og lad det simre i 10 til 20 minutter, indtil det er møre, men ikke blødt. Dræn og lad afkøle.

b) Kom jordskokkerne og alle de resterende ingredienser, undtagen den resterende citronsaft og halvdelen af estragonen, i en stor røreskål og brug hænderne til at blande det hele godt sammen. Dæk til og lad det marinere i køleskabet natten over eller i mindst 2 timer.

c) Forvarm ovnen til 475°F / 240°C. Anret kyllingestykkerne med skindsiden opad i midten af en bradepande og fordel de resterende ingredienser rundt om kyllingen. Steg i 30 minutter. Dæk gryden med aluminiumsfolie og kog i yderligere 15 minutter. På dette tidspunkt skal kyllingen være helt kogt. Tag ud af ovnen og tilsæt den reserverede estragon og citronsaft. Rør godt rundt, smag til og tilsæt mere salt, hvis det er nødvendigt. Server med det samme.

100. Spinat og sød kartoffel lasagne

INGREDIENSER:
- 2 til 3 store søde kartofler (ca. 2 pund), skrællet og skåret i ½ tomme runde
- 2 store hoveder blomkål, skåret i buketter
- ¼ kop pinjekerner, ristede
- Usødet almindelig mandelmælk efter behov
- 3 spsk ernæringsgær, valgfri
- ½ tsk muskatnød
- 1½ tsk salt
- 1 stort gult løg, pillet og skåret i små tern
- 4 fed hvidløg, pillede og hakkede
- 1 spsk hakket timian
- ½ kop finthakket basilikum
- 12 kopper spinat (ca. 2 pund)
- Salt og friskkværnet sort peber efter smag
- 12 ounce fuldkorns- eller jordskokke-mel lasagne nudler, kogt i henhold til pakkens anvisninger, drænet og skyllet, indtil det er afkølet

INSTRUKTIONER:
a) Læg de søde kartofler i en dobbeltkoger eller dampkoger og damp i 6 minutter, eller indtil de er møre, men ikke grødet. Skyl indtil det er afkølet, dræn derefter og sæt til side.
b) Damp blomkålen i 6 til 8 minutter, indtil den er meget mør. Kom blomkål og pinjekerner i en blender, i portioner, hvis det er nødvendigt, og purér, indtil det er glat og cremet, tilsæt mandelmælk, hvis det er nødvendigt. Tilføj puréen til en stor skål og rør næringsgæren (hvis du bruger), muskatnød og salt i. Sæt til side.
c) Læg løget i en stor stegepande og svits ved middel varme i 10 minutter. Tilsæt vand 1 til 2 spiseskefulde ad gangen for at forhindre, at det klæber til gryden.
d) Tilsæt hvidløg, timian, basilikum og spinat og kog i 4 til 5 minutter, eller indtil spinaten visner. Tilsæt blomkålspuréen og bland godt. Smag til med yderligere salt og peber.
e) Forvarm ovnen til 350°F.

f) For at samle lasagnen, hæld 1 kop af blomkålsblandingen i bunden af en 9 × 13-tommers bageform. Tilføj et lag lasagne nudler. Læg et lag søde kartofler oven på nudlerne.

g) Hæld 1½ kop af blomkålsblandingen over de søde kartofler. Top med endnu et lag nudler, efterfulgt af et lag søde kartofler.

h) Tilføj endnu et lag af blomkålsblandingen. Top med et sidste lag nudler og den resterende blomkålssauce. Dæk med aluminiumsfolie og bag i 30 minutter.

i) Afdæk og bag i yderligere 15 minutter, eller indtil gryden er varm og boblende. Lad sidde i 15 minutter før servering.

KONKLUSION

Når vi afslutter vores kulinariske rejse gennem "Root Veggies Cookbook", håber vi, at du har oplevet glæden ved at mestre kunsten at rodfrugtkøkken. Hver opskrift på disse sider er en fejring af den jordiske smag, ernæringsrigdom og kulinariske alsidighed, som rodfrugter bringer til dit bord - et vidnesbyrd om de kulinariske muligheder, der ligger under overfladen.

Uanset om du har nydt enkelheden ved ristede rodfrugter, omfavnet kreativiteten ved innovative retter eller udforsket de ernæringsmæssige fordele ved forskellige rødder, stoler vi på, at disse opskrifter har tændt din passion for madlavning med rodfrugter. Ud over ingredienserne og teknikkerne, må konceptet med at mestre rodfrugtskøkken blive en kilde til inspiration, kreativitet og en fejring af naturens gavmildhed.

Mens du fortsætter med at udforske det kulinariske potentiale af rodfrugter, må "ROD VEGGIES KOGEBOGEN" være din betroede følgesvend, der guider dig gennem en række opskrifter, der viser rigdommen og alsidigheden af disse underjordiske skatte. Her er til at nyde den jordiske godhed, skabe lækre måltider og fejre rodfrugternes væsentlige rolle i dit kulinariske repertoire.

NYD DIT MÅLTID!

www.ingramcontent.com/pod-product-compliance
Lightning Source LLC
Chambersburg PA
CBHW071325110526
44591CB00010B/1031